中学年

子どもの喜ぶ

国語クイズ&パズル&ゲーム

体の一部を使ったことわざもたくさんあるね。
ぼくのだってあるニャ
しっぽ

近藤晋二 著

以外と気がつかないんだよねー。
あらら、言ってる本人がまちがってるわよ。(以外↓意外)
漢字にあてはめると、なんだか変なかんじがするね。
来音
兄
曲
深
美
馬
ヒントを参考にするとわかりやすいね
むずかしいけどチャレンジしよう

黎明書房

はじめに

学習を子どもの要求に応えて、いきいきと興味あるものに工夫していこうという試みは、時代のすう勢であり、学校を中心に、教育界の各方面でさまざまな試みがなされているようです。本書『子どもの喜ぶ国語クイズ&パズル&ゲーム・中学年』は、そうした動きの中のひとつとして、楽しみながら、知らず知らずのうちに学習内容の定着をはかることを目指して書かれたものです。

本書では、言語という領域を中心に扱いましたが、それにあたっては、文字・語と文・句読点・語句の意味と使い方・反対語などを重点に、漢字の定着を考えました。

具体的には、きわめて基本的な「ひらがな」の書き順から始まり、「しりとり」などふだんの子どもの生活に密着した自然なことば遊び、また、「あみだくじ」などの楽しい遊びを通して、全編肩のこらないように気を配ったつもりです。

問題の構成に際しては、使用漢字や熟語、ことわざ、慣用句などの中には、四年までの領域を越えるものもあえて盛り込んでみました。

先生方や親御さんがご覧になり、実際にお使いになる場合には、その参考となりますように、各問の下に「ねらい」に相当するものを記しました。前述しました通り、いわゆるドリルなどといった問題集に見られるような型はなるべく避けるように致しました。幅広く本書をご利用いただければ幸いです。

本編の他に、低学年編・高学年編もありますので、子どもたちを中心に、楽しみながら学習の効果が上げられますれば、嬉しく思います。

なお、本書は、先に「指導者の手帖」第98巻として出版されたものを、判型を大きくし読みやすくしたものです。末永いご愛読を、お願いいたします。

近藤晋一

もくじ

●筆順 四年

1 正しく 書こう

【先生・お母さんへ】筆順は、間違って覚えるとなかなか直りません。あんがいひらがなでも、間違えて覚えているものもあります。

次の書き方のじゅんばんで、あっている方に○をつけましょう。

❖**その①** ひらがな

(1)
( ) し め あ
( ) 一 ナ あ

(2)
( ) ノ カ か
( ) フ カ か

(3)
( ) 一 七 せ
( ) 一 ナ せ

(4)
( ) 一 す す
( ) 亅 す す

(5)
( ) ー こ も
( ) し も も

(6)
( ) つ や や
( ) つ つ や

❖その② カタカナ

(1)
( ) ( )
ノ ン シ
、 ミ シ

(2)
( ) ( )
一 ナ チ
ノ 二 チ

(3)
( ) ( )
、 ヾ ツ
ノ ソ ツ

(4)
( ) ( )
、 メ
ノ メ

(5)
( ) ( )
一 二 モ
L 七 モ

(6)
( ) ( )
フ コ ヨ
フ ヨ ヨ

(7)
( ) ( )
丨 ワ
フ ワ

(8)
( ) ( )
一 二 ヲ
フ ヲ

❖その③　漢字

(1)

（　）　一　コ　丐　五

（　）　一　丆　丐　五

(2)

（　）　ノ　九

（　）　乙　九

(3)

（　）　ノ　ナ　𠂇　右　右

（　）　一　ナ　𠂇　右　右

(4)

（　）　一　丅　𬼃　𬼄　臣　耳

（　）　一　丅　𠕁　冂　月　耳

(5)

（　）　㇀　二　三　手

（　）　㇀　亅　𠂒　手

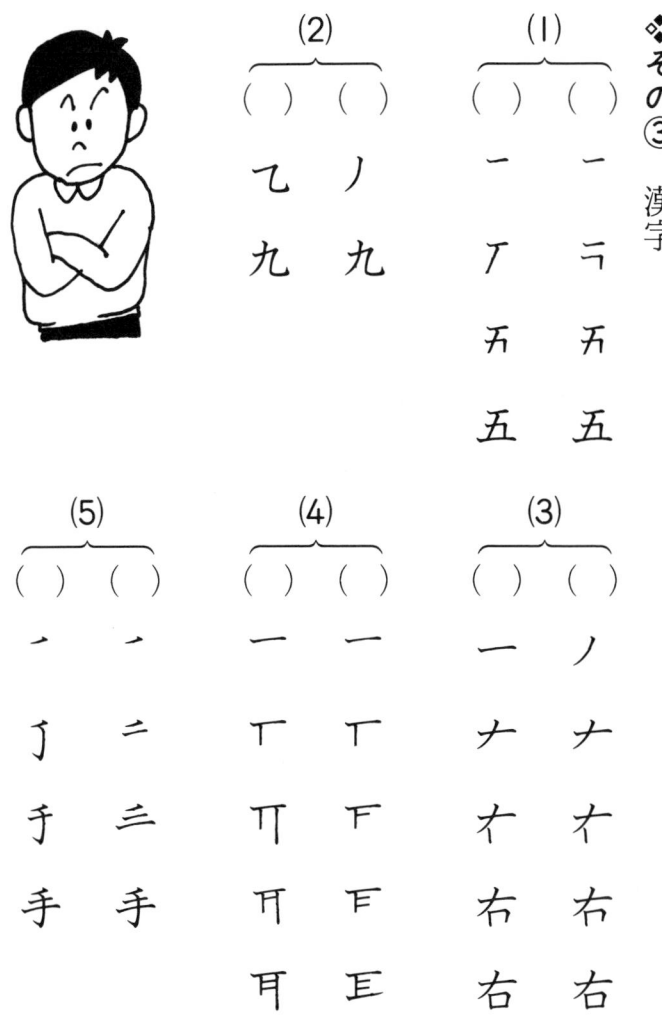

(6)

( )	( )
一	く
七	女
女	女

(7)

( )	( )
丨	丨
冂	冂
冃	冊
田	田
田	田

(8)

( )	( )
一	ノ
丆	丆
丆	丆
石	石
石	石

(9)

( )	( )
丶	丶
丬	丬
丬	丬
北	北
北	北

(10)

( )	( )
一	一
七	十
世	廾
世	廿
世	世

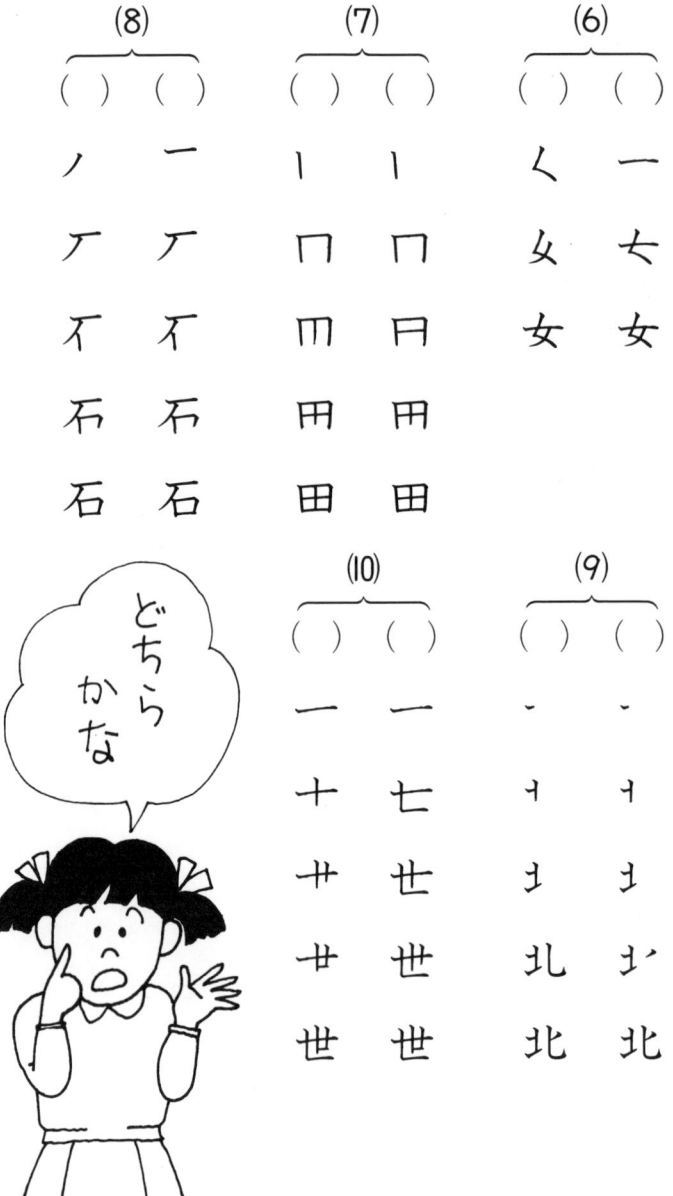

答え

その①

(1) (◎) ( )
(2) (◎) ( )
(3) (◎) ( )
(4) ( ) (◎)
(5) (◎) ( )
(6) (◎) ( )

その②

(1) (◎) ( )
(2) (◎) ( )
(3) ( ) (◎)
(4) (◎) ( )
(5) ( ) (◎)
(6) (◎) ( )
(7) ( ) (◎)
(8) ( ) (◎)

その③

(1) (◎) ( )
(2) ( ) (◎)
(3) ( ) (◎)
(4) ( ) (◎)
(5) ( ) (◎)
(6) (◎) ( )
(7) (◎) ( )
(8) ( ) (◎)
(9) ( ) (◎)
(10) (◎) ( )

●ことばづくり　三年

2 ことばの図形

【先生・お母さんへ】「しりとり」から少しばかり発展した「ことばづくり」です。単語ばかりでなく、簡単な文章を考えるのに役立ちます。

マス目に合うように、単語や文章を入れましょう。答えは色々ありますよ。

①
あ
あし
あした
□□□□
あめがふる
あひるがなく
あたまがいたい

②
い
いす
□□□
□□□□
いさましい
イギリスじん
インクをこぼす

③
お
□□
おぼん
□□□□
おとこのこ
□□□□□□
おおきなりんご

④

き

きる

□□□

□□□□

きりぎりす

きものをきる

□□□□□□□

きみのおとうさん

□□□□□□□□□

きょうのつぎはあした

⑤

ち

ちえ

ちまき

□□□□

□□□□□

□□□□□□

ちらしをくばる

ちよがみであそぶ

ちょうちんをさげる

□□□□□□□□□□

⑥

し

しま

□□□

□□□□

しもばしら

□□□□□□

□□□□□□□

□□□□□□□□

しゅんかしゅうとう

しったかぶりはだめよ

⑦

て

てつ

てきとみかた

てごわいあいて

⑧

は

はみがき

はたけをたがやす

⑨

ま

まんじゅう

マンドリンえんそう

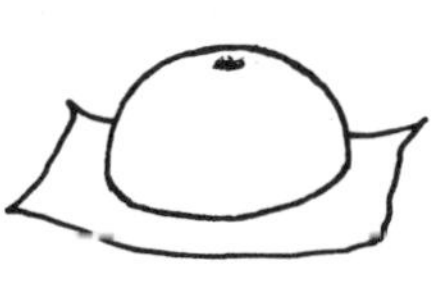

⑩

か

カルガモのおやこ

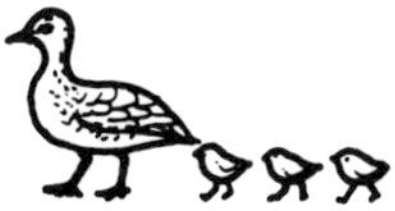

⑪

さ

さくらがさく

さわいではいけません

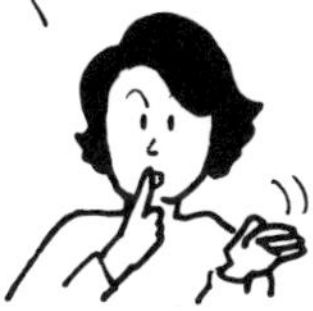

⑫

こ

こぶとりじいさん

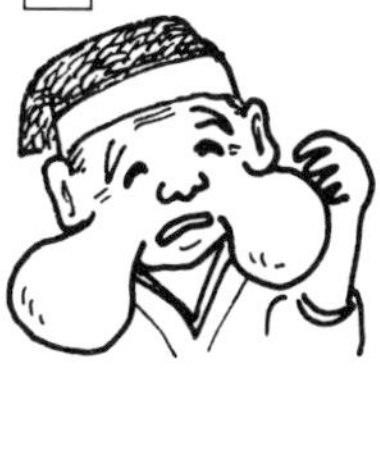

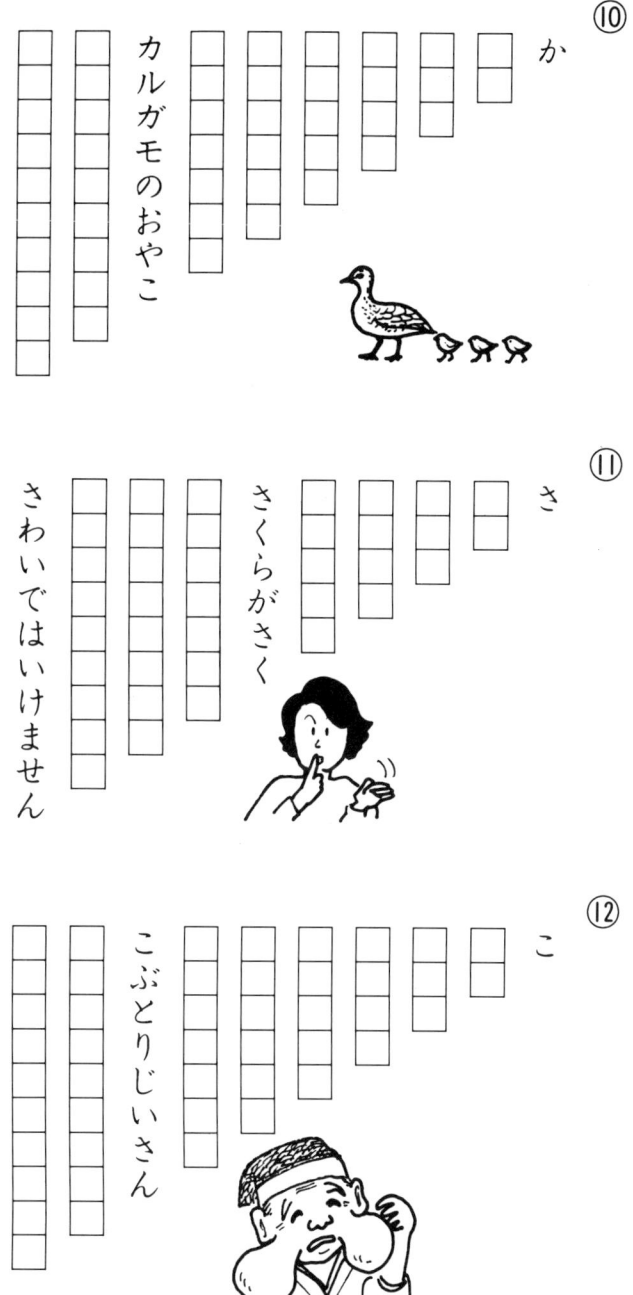

●ことばづくり　三　年

3 いろはにほへと…

【先生・お母さんへ】 小さいうちに色々なことばを知って、ことばの数を増やすことは、とても大切なことです。まず、二つずつ作ってみましょう。

上の文字から始まることばを二つずつ書きましょう。答えは色々あります。

い　いろえんぴつ
ほ
り

ろ
へ　へちま
ぬ

は
と　とくがわいえやす
る　るす

に
ち
を

わ

か

よ　よなか

た

れ　れきし

そ

つ

ね　ねぼう

な

ら　らくがき

む

う

ゐ※

の　のやま

お

く

や　やきにく

ま

※印の字は旧かなづかいしか使いません。音は、ゐ（イ）、ゑ（エ）です。

け
ふ
こ
こたつ
え
て
あ

さ
き
ゆ
ゆきぐに
め
み
し

ゑ※
ひ
も
せ
せとないかい
す

●ことばづくり　三年

4 連想ゲーム

【先生・お母さんへ】 あることばから連想することばを考えます。名詞ばかりでなく、動詞、形容詞と広くことばを集めましょう。

中心のことばから連想することばを□に書きましょう。答えは色々あります。

例

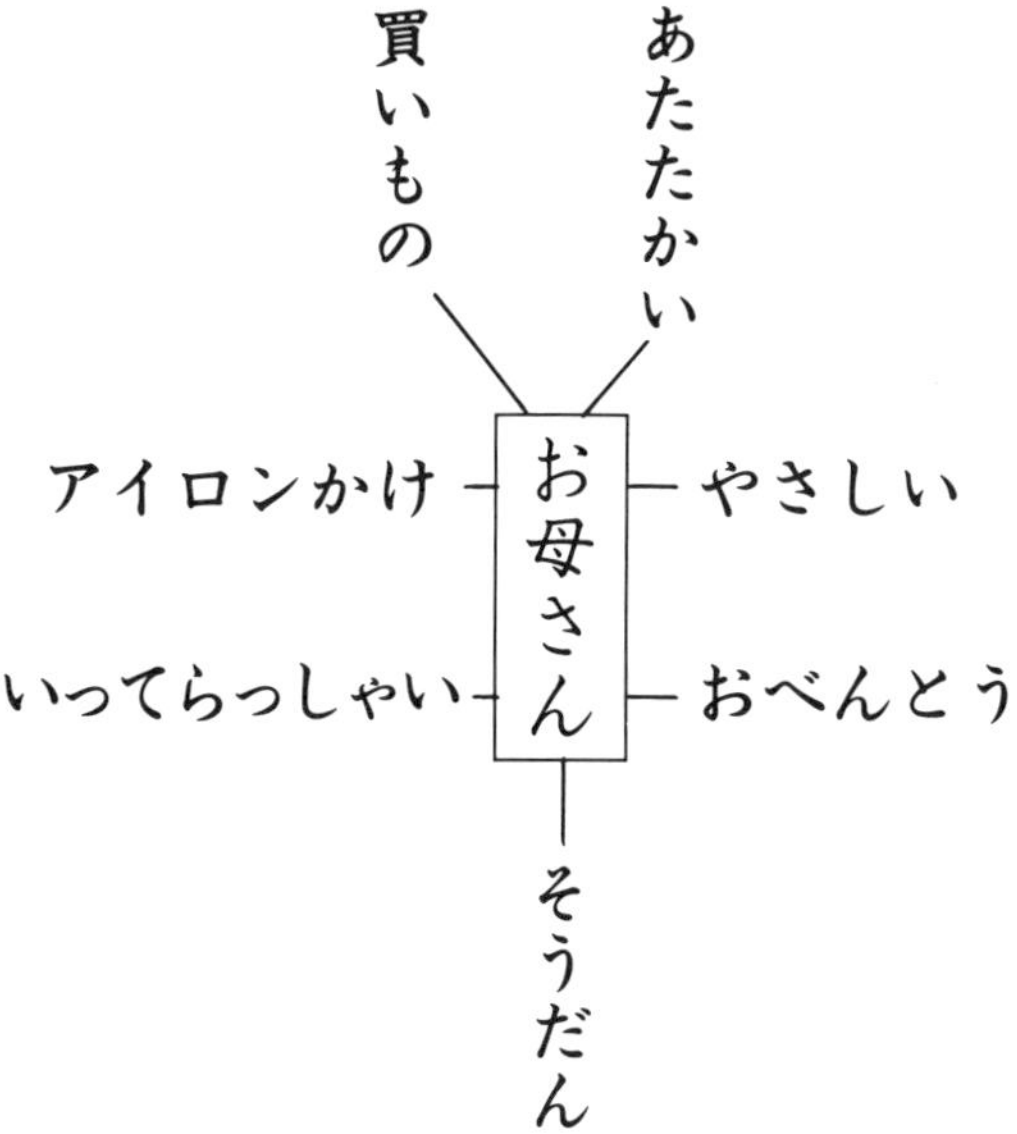
お母さん
あたたかい
買いもの
やさしい
アイロンかけ
おべんとう
いってらっしゃい
そうだん

①

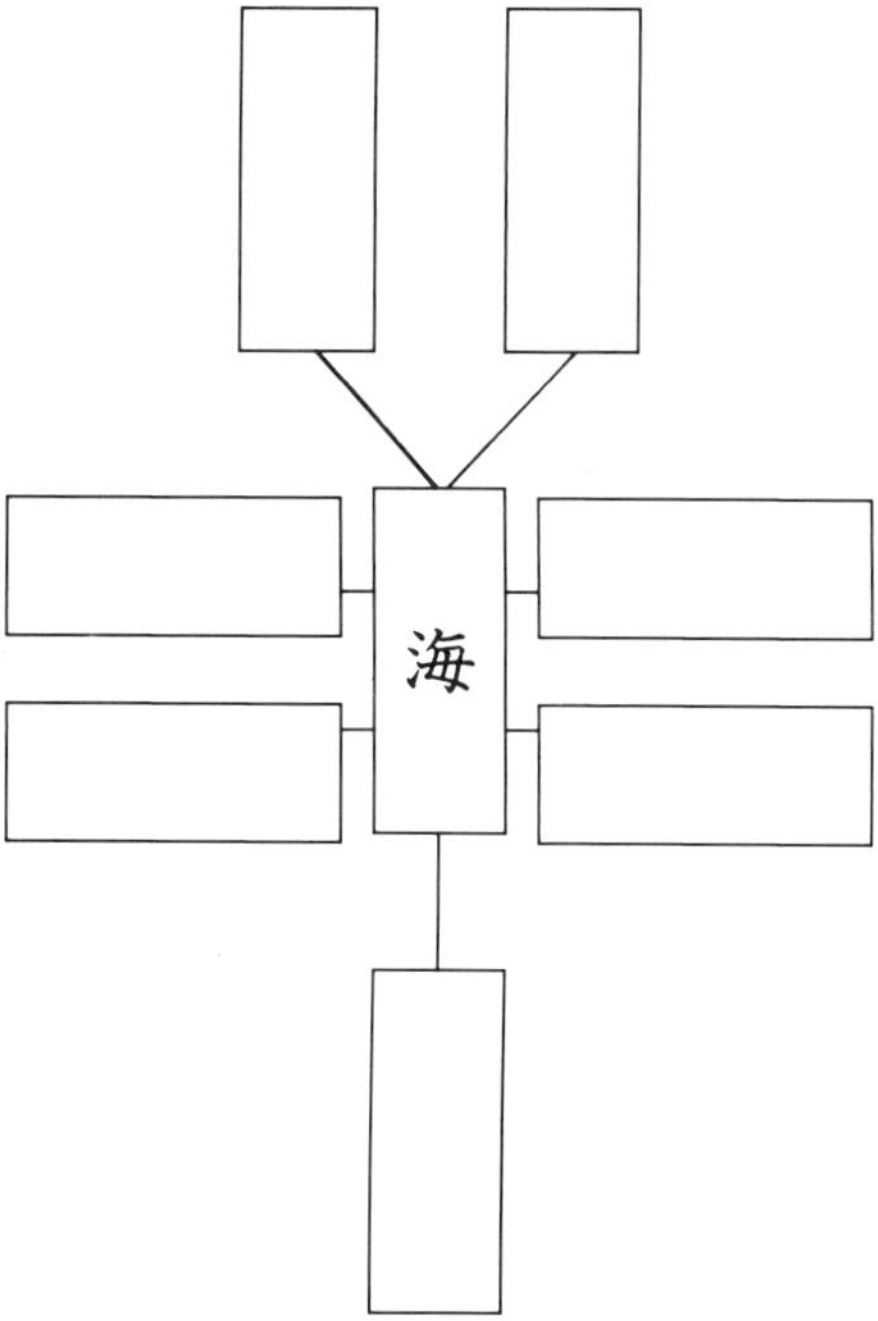
海

②

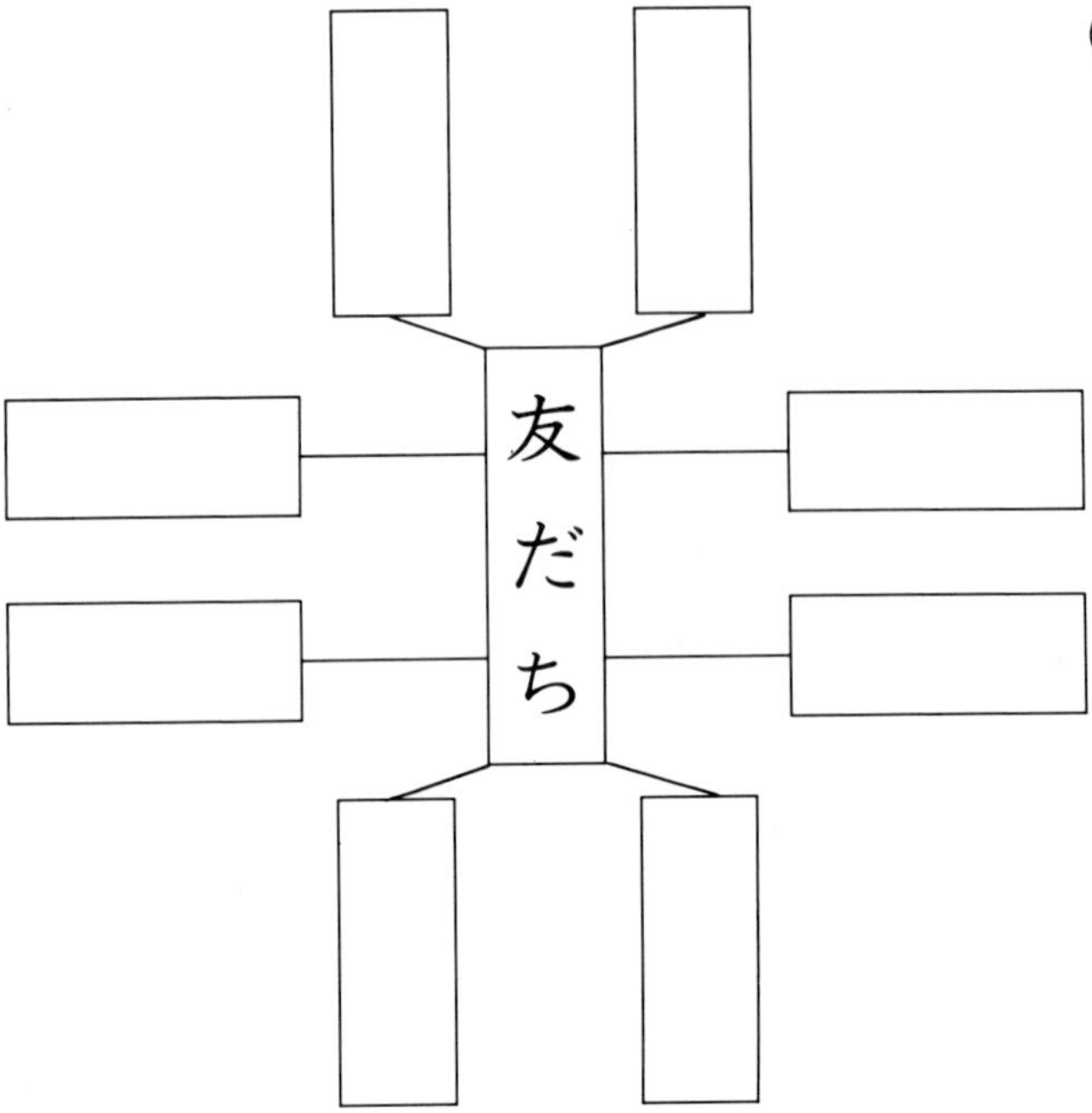

③

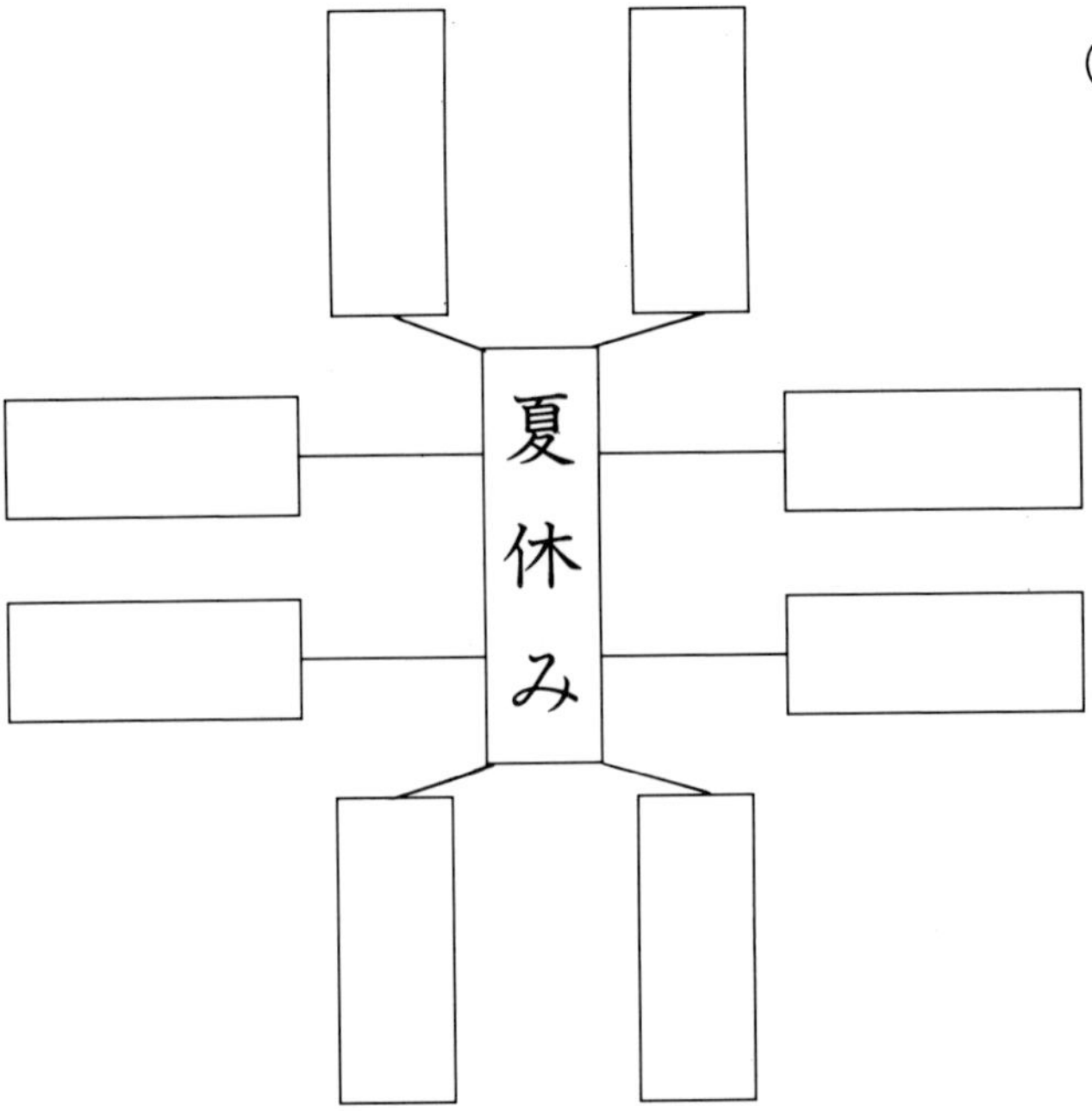

④

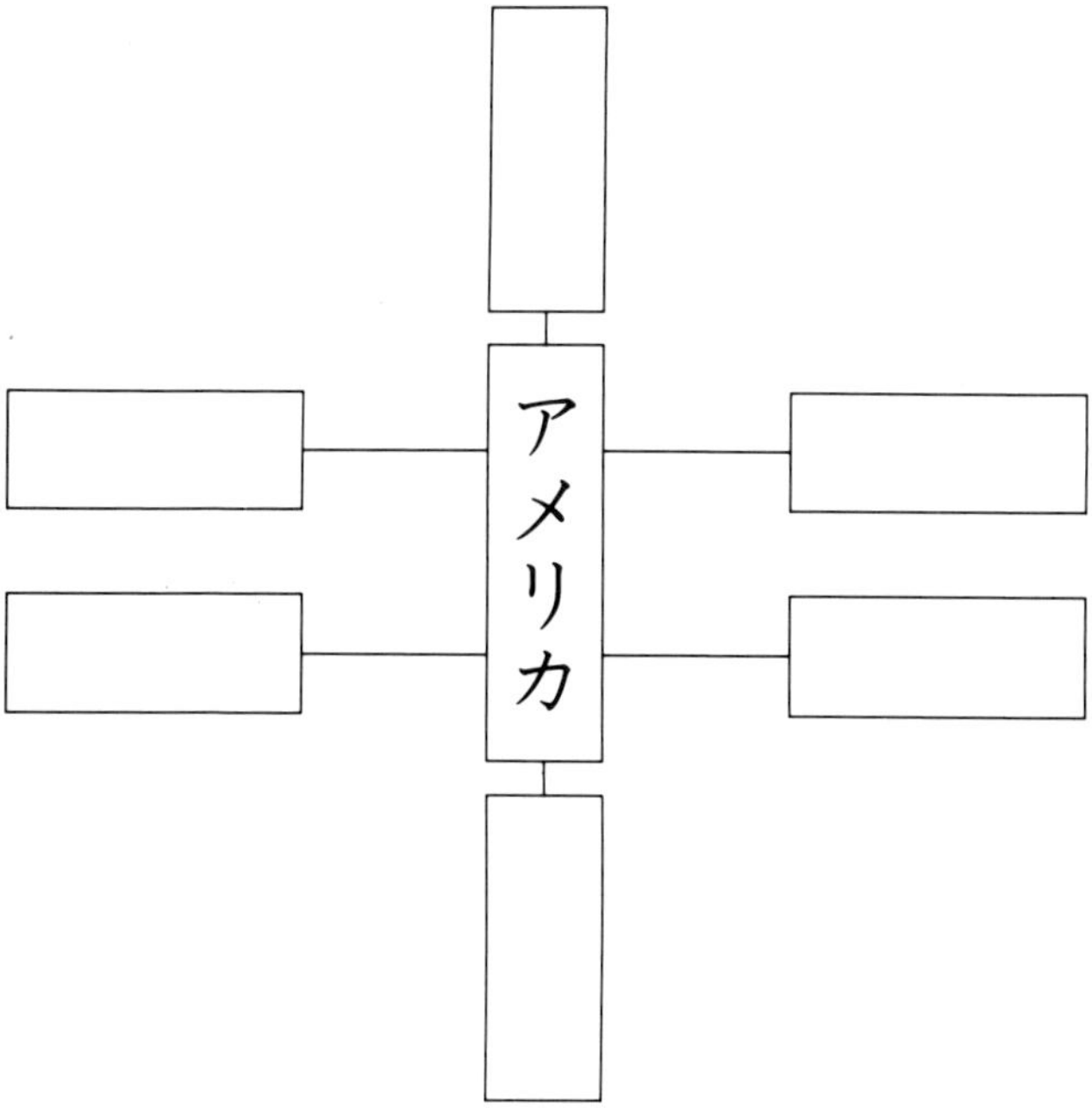

⑤

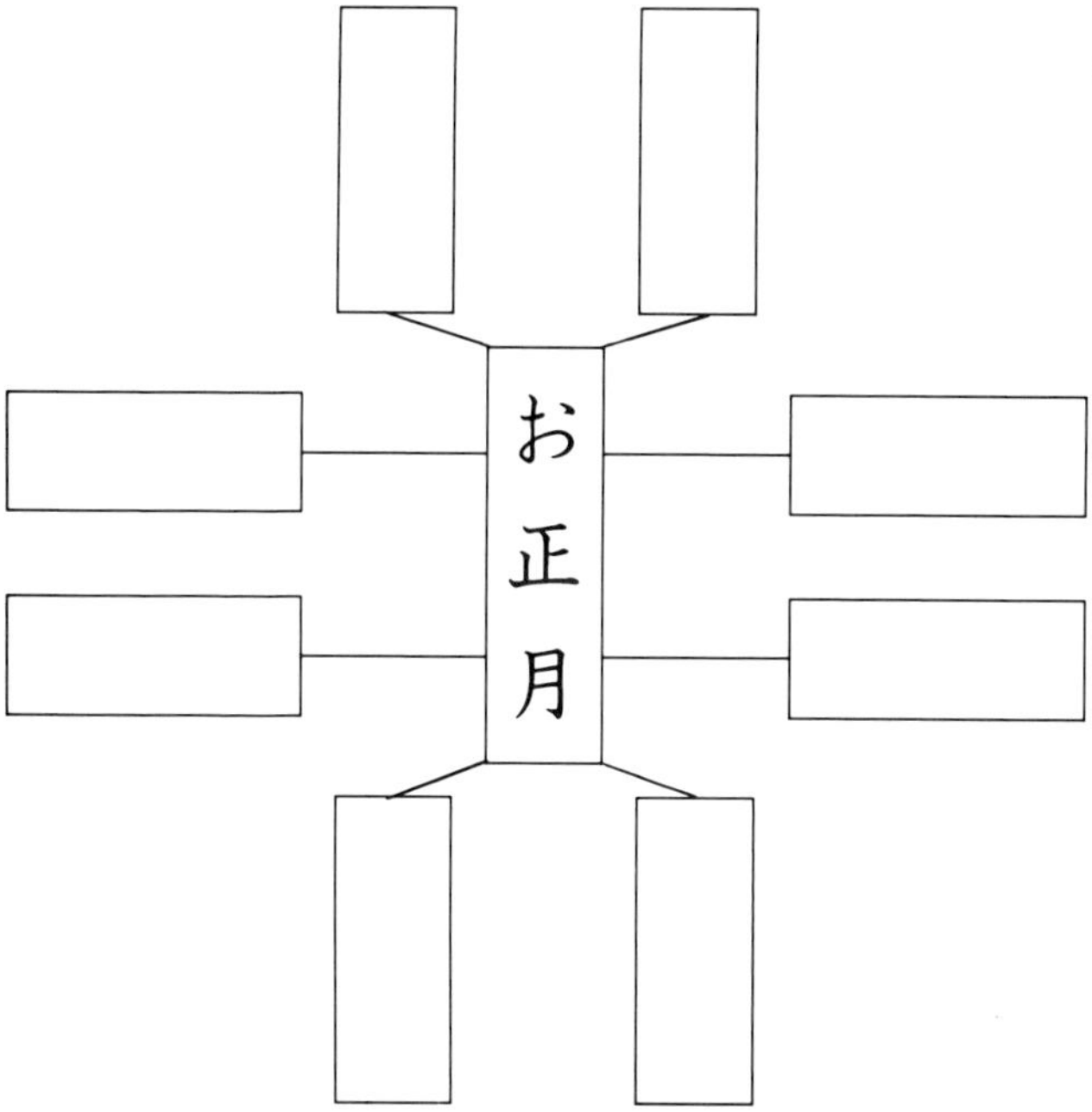

⑥

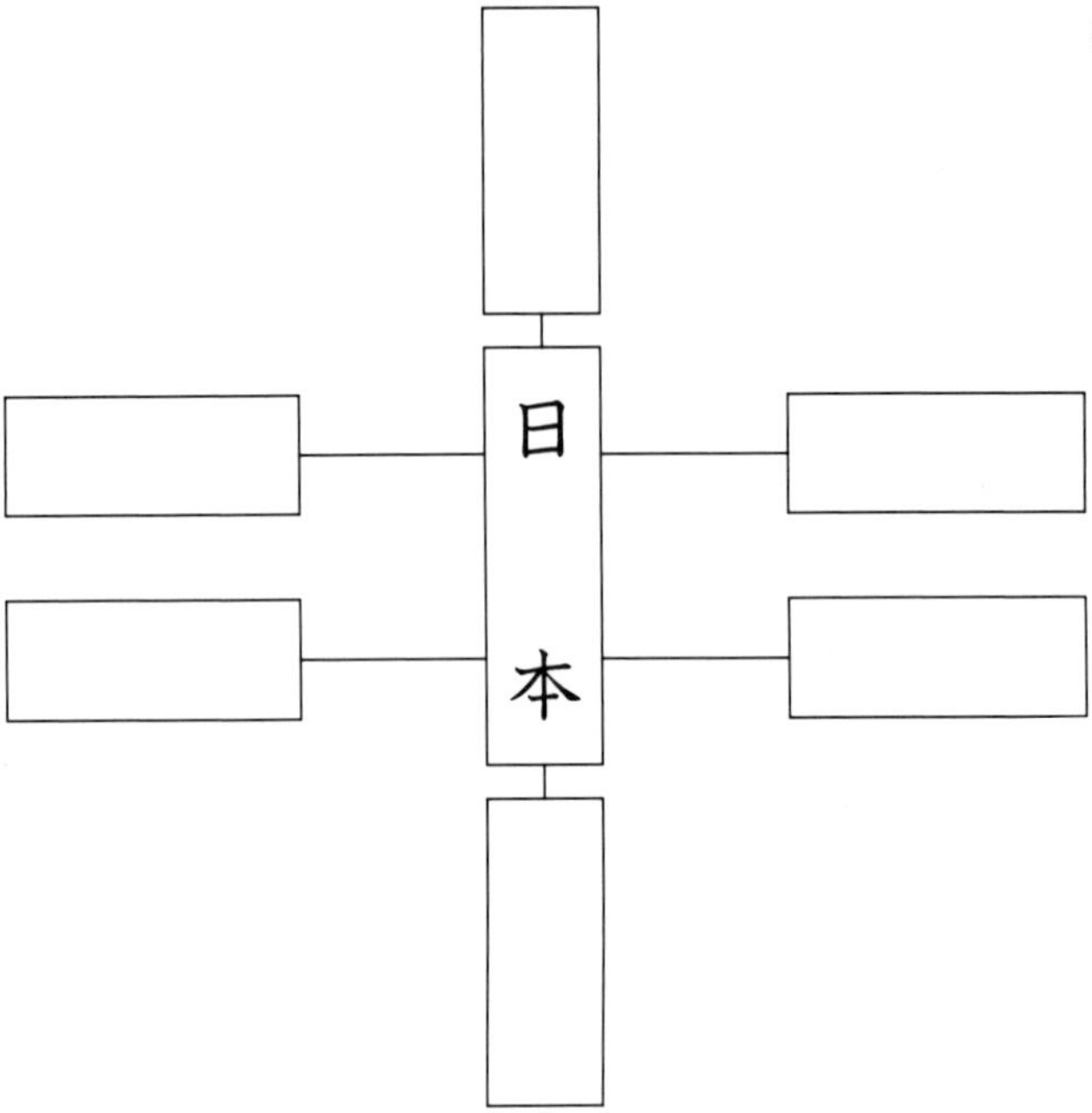

⑦

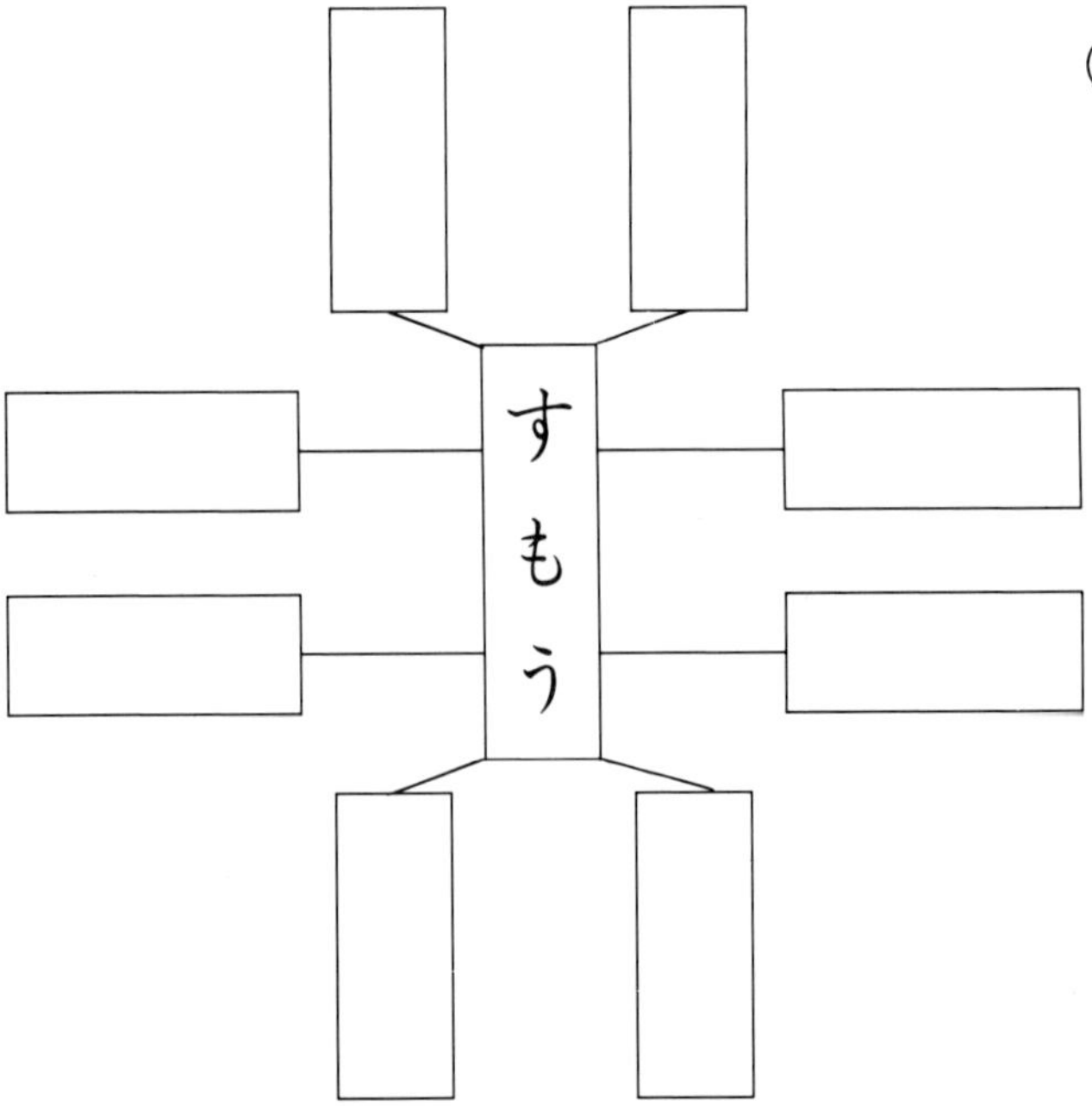

⑧

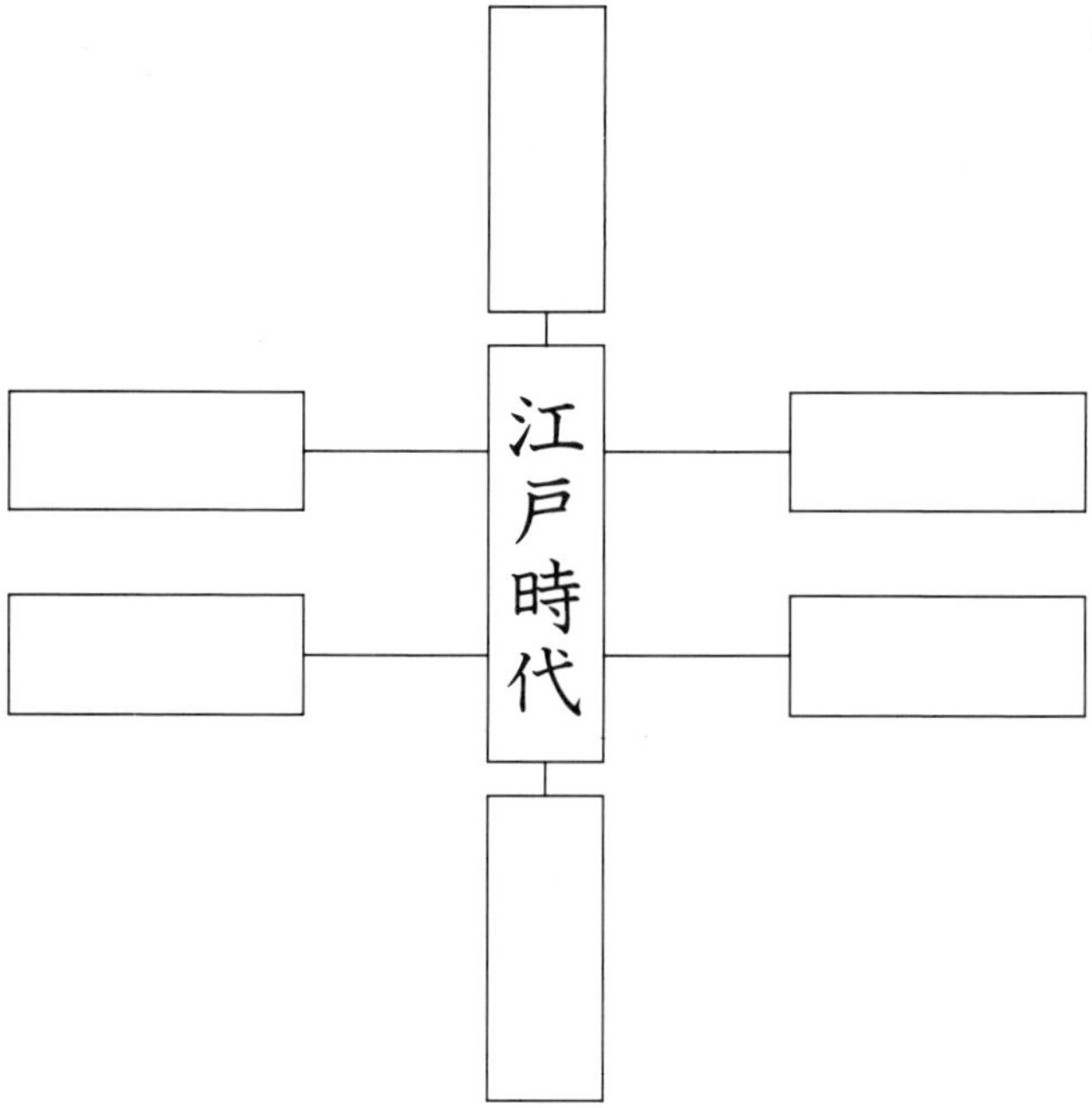

⑨

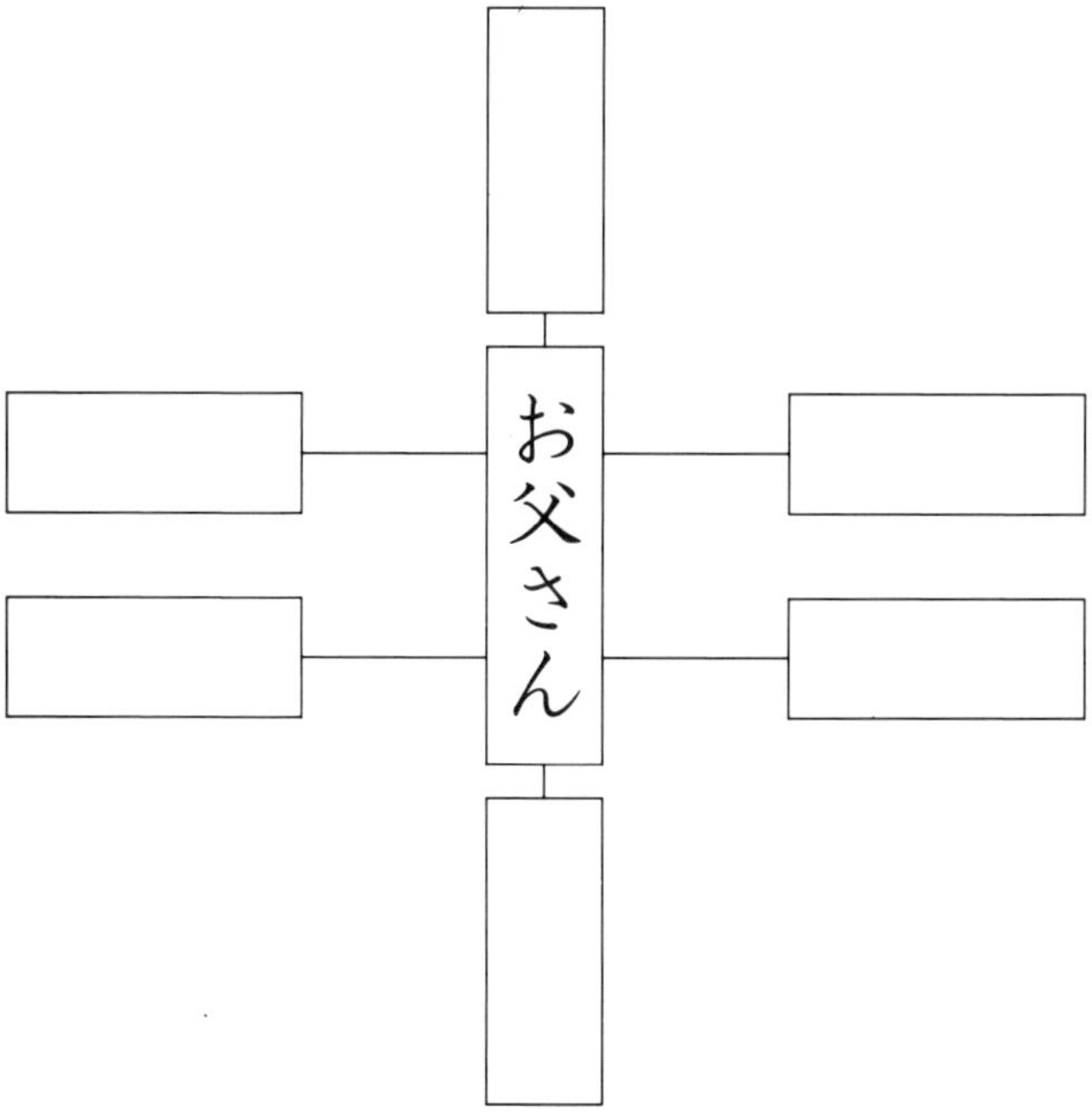

答え（例）

①…ふね　なみ　すなはま　広い　大きい　青い　およぐ

②…あそぶ　すき　なかま　でんわ　がっこう　けんか
　ひみつ　なかよし

③…りょこう　しゅくだい　あつい　およぐ　ねぼう
　おてつだい　いなか　こんちゅうさいしゅう

④…遠い　ひこうき　エジソン　だいとうりょう
　ニューヨーク　自由の女神

⑤…たこあげ　おぞうに　お年玉　はつもうで　カルタとり
　きもの　じょやのかね　ねんがじょう

⑥…おこめ　おみそしる　てんのうへいか　富《ふ》士《じ》山《さん》　お寺　東京

⑦…どひょう　よこづな　ふとっている　大きい　まわし　まげ

ちゃんこなべ　行司《じ》

⑧…さむらい　とくがわいえやす　かご　だいみょうぎょうれつ

かたな　しょうぐん

⑨…やさしい　こわい　せびろ　かいしゃ　ゴルフ

あわてんぼう

●ことばづくり　三年

【先生・お母さんへ】二文字のことばを作る遊びです。たて、横（左側から）から読みます。

5 何を入れたら…

あいている□に字を入れて、たて、横（左側から）方向から読める四つのことばを作りましょう。答えは一つとは、限《かぎ》りませんよ。

例

く	ま
さ	る

まる
くさ
くま
さる

①

あ	き

②

	し
た	

③

	す
	な

④

と	
	か

⑤

お	に

答え（例）

①

あ	き
す	く

②

き	し
た	ま

③

い	す
た	な

④

と	り
ち	か

⑤

お	に
か	わ

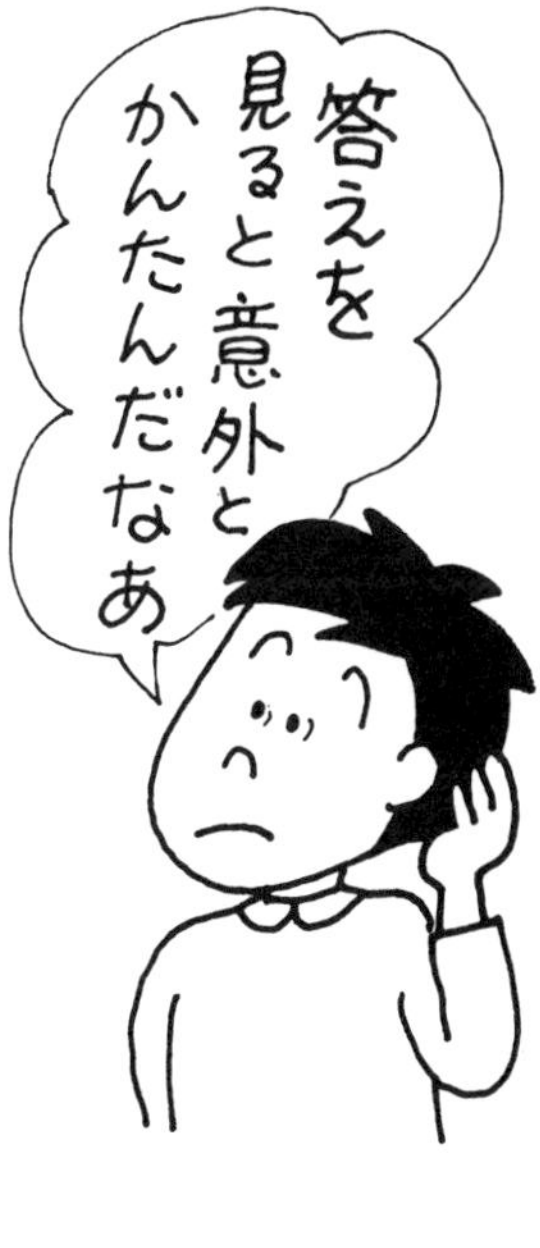

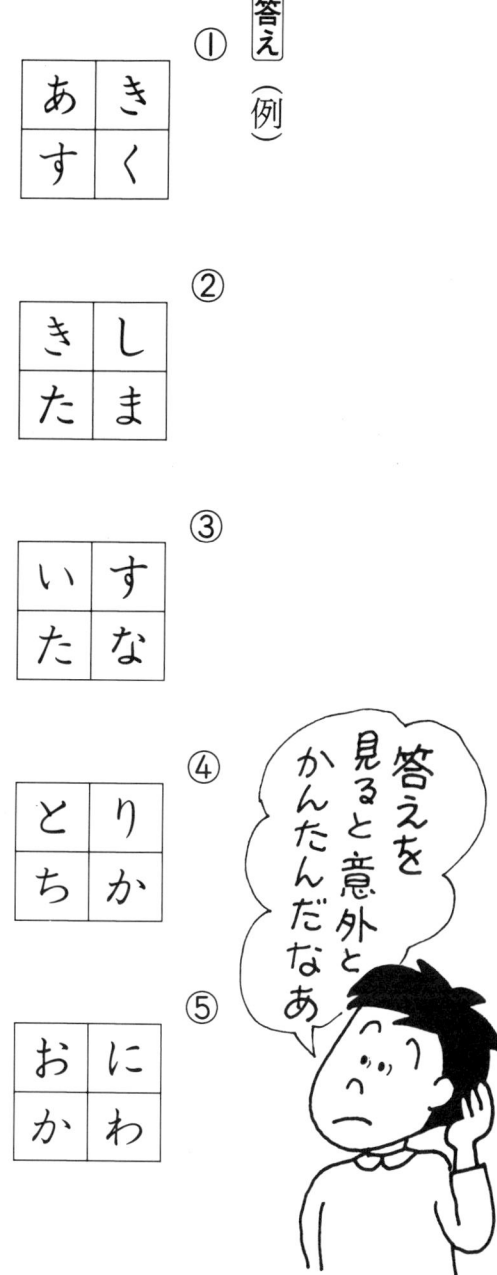

⑥ ものを数える

●数え方　四年

【先生・お母さんへ】ものを数える時につける助数詞は、正確に覚えておきたいものです。

次のものを数える時に使うことばは何でしょう。

❖その①　さいしょはかんたんなものから。

(1) えんぴつ

一□

(2) ノート

一□

(3) 自動車

一□

(4) 犬

一□

(5) 馬

一□

❖その② 少しむずかしいものもあるかな。

(1) さかな

(2) 鳥

(3) りんご

(4) きっぷ

(5) 飛行機

(6) オーバー

(7) 手紙

(8) ネクタイ

(9) とうふ

(10) くつした

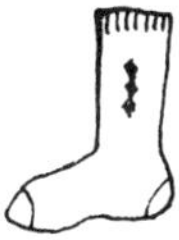

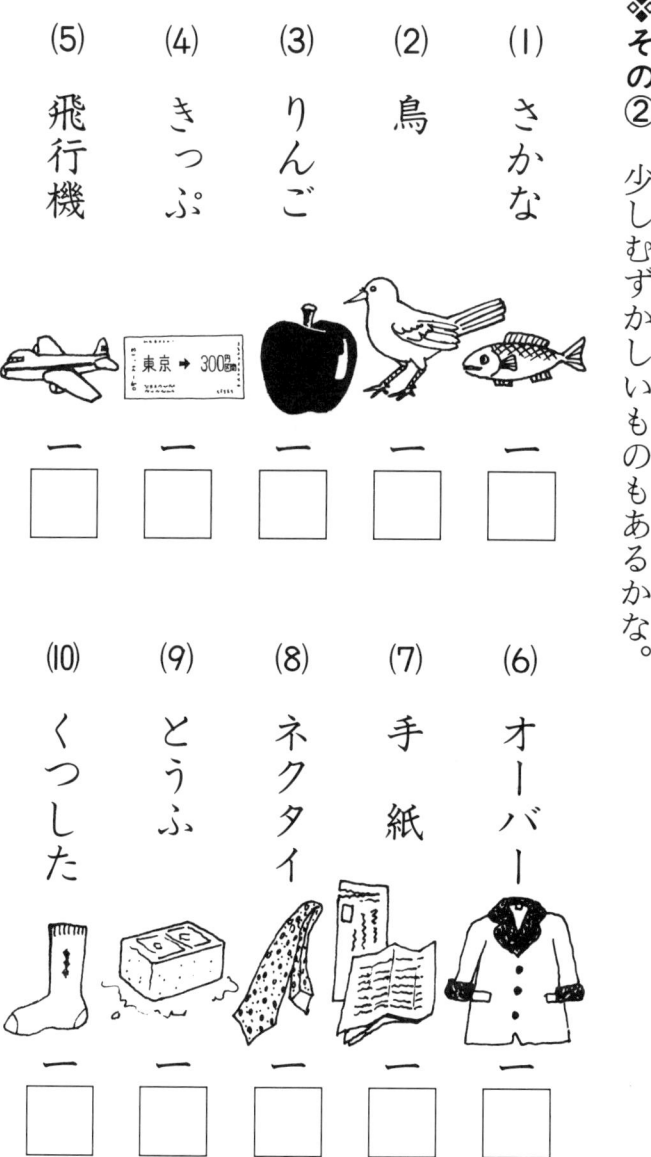

❖その③　ふだんあまり使わないものかもしれませんが。

(1) 汽船

(2) はし（食べる時に使う）

(3) 植木

(4) うどん

(5) 花

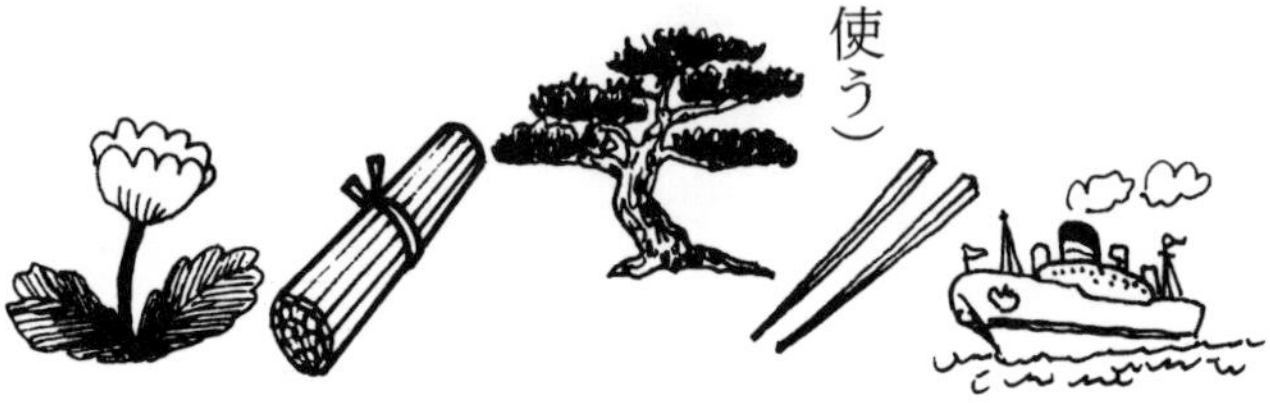

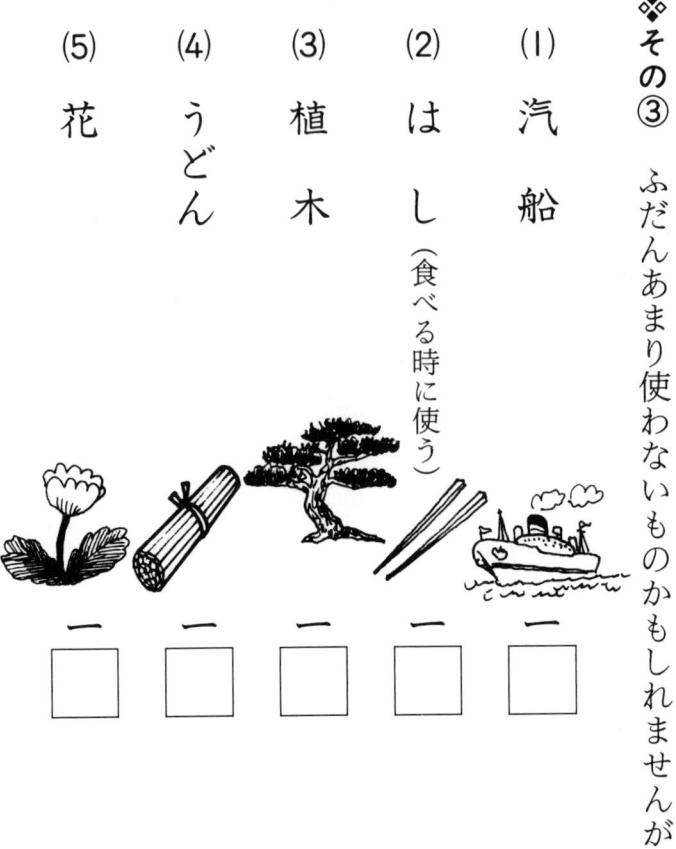

答え

その①

(1)…本
(2)…冊《さつ》
(3)…台
(4)…匹《ぴき》
(5)…頭《とう》

その②

(1)…匹
(2)…羽
(3)…個
(4)…枚
(5)…機
(6)…着《ちゃく》
(7)…通《つう》
(8)…本
(9)…丁《ちょう》
(10)…足《そく》

その③

(1)…隻《せき》
(2)…膳《ぜん》
(3)…株《かぶ》
(4)…把《わ》
(5)…輪《りん》

●句読点　四年

7 あるとないでは大ちがい

【先生・お母さんへ】句読点がどこにあるかによって意味がまったく違ってきます。その例をいくつかあげてみました。

どこでくぎって読んだらいいでしょうか。

① シンダイシャスグテハイタノム。

② アスルスバンニキテクダサイ。

③ ハハハハハハハノハハハハハハハトワラウ。

④ スモモモモモモモモノウチ。

⑤ あのねあのねなんのはなのねなのあのねなのはなのねなのね。

答え

①…a死んだ、医者すぐ手配たのむ。
b寝《しん》台車、すぐ手配たのむ。

②…a明日留守《るす》、晩《ばん》に来てください。
b明日、留守番に来てください。

③…母はハハハ、母の母はハハハハと笑う。

④…スモモもモモも桃《もも》のうち。

⑤…あのね、あの根なんの花の根なの。あの根、菜の花の根なのね。

●ことば遊び　四年

8 あれ?　ふしぎ

【先生・お母さんへ】しりとりとは、一味違う遊びです。答えは一つだけではありませんから、色々なことばを考えてください。

一つのことばの文字を一字ずつかえて、同じ字数の意味のちがうことばにする遊びです。上の文字をかえてもいいので、しりとりとはちがいます。

上のことばと下のことばが、どこか関係がありそうなものを作ってみましょう。

例

たね↓はね↓はな（種↓花）

うえ↓うた↓した（上↓下）

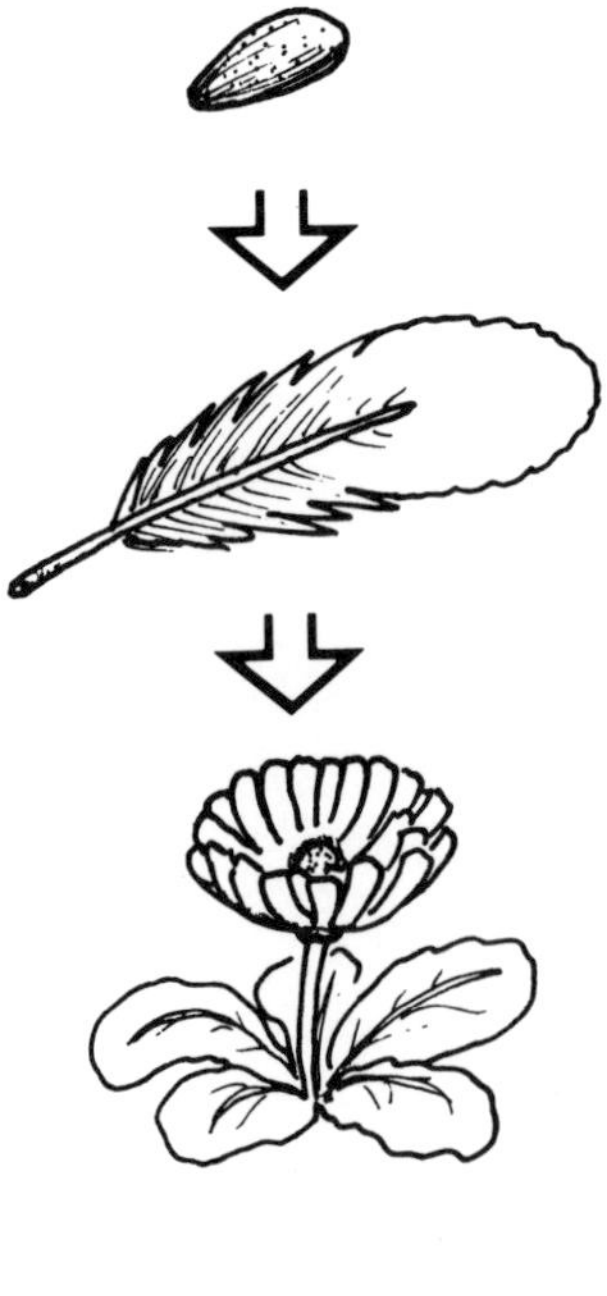

① あさ ↓ □ ↓ よる（朝↓夜）

② うみ ↓ □ ↓ かわ（海↓川）

③ うた ↓ □ ↓ こえ（歌↓声）

④ くま ↓ □ ↓ いぬ（熊《くま》↓犬）

⑤ やま ↓ □ ↓ かわ（山↓川）

⑥ にし ↓ □ ↓ きた（西↓北）

⑦ ゆき ↓ □ ↓ あめ（雪↓雨）

⑧ あき ↓ □ ↓ ふゆ（秋↓冬）

⑨ おとこ ↓ □ ↓ おんな（男↓女）

⑩ かえる ↓ □ ↓ みみず（かえる↓みみず）

⑪ いぬ → いる → □ → ねこ（犬 → 猫《ねこ》）

⑫ とけい → □ → じかい → じかん（時計 → 時間）

⑬ たかい → □ → あまい → □ ↙
うすい → やすい（高い → 安い）

⑭ なつ → もつ → □ → □ ↙
□ → ふゆ（夏 → 冬）

答え（例）

①…さる
②…かみ
③…うえ
④…いま
⑤…かま
⑥…きし
⑦…ゆめ

⑧…あゆ
⑨…おとな
⑩…みえる
⑪…ねる
⑫…とかい
⑬…あかい　うまい
⑭…もり　つり　つゆ

●意味を知る　四年

⑨ にたものさがし

【先生・お母さんへ】ある単語に関係のあることばを見つけることによって、ことばのイメージが広がっていくことでしょう。

上のことばとつながりのあることばを下のらんから見つけましょう。

① 空 → □

⑤ 雨 → □

② 太陽 → □

③ 星 → □

④ 地球 → □

夕立
北半球
天
天の川
夕日

⑥ 風 ↓ □

⑦ 山 ↓ □

⑧ 海 ↓ □

⑨ 川 ↓ □

⑩ 島 ↓ □

⑪ 森 ↓ □

⑫ 道 ↓ □

⑬ 坂 ↓ □

⑭ 田 ↓ □

⑮ 庭 ↓ □

峠《とうげ》
無人島
太平洋
急流
嵐《あらし》
火山
ジャングル
畑
表通り
芝生《しばふ》

⑯ 線路 ↓ □

⑰ 光 ↓ □

⑱ 時間 ↓ □

⑲ 生活 ↓ □

⑳ 食事 ↓ □

㉑ 働《はたら》く ↓ □

㉒ 直す ↓ □

㉓ 寝《ね》る ↓ □

㉔ 疲《つか》れる ↓ □

㉕ 学ぶ ↓ □

夢《ゆめ》
手入れ
鉄橋
ごはん
衣食住
月明かり
残業
昼すぎ
見習う
足がぼうになる

答え

①…天
②…夕日
③…天の川
④…北半球
⑤…夕立
⑥…嵐
⑦…火山
⑧…太平洋
⑨…急流
⑩…無人島

⑪…ジャングル
⑫…表通り
⑬…峠
⑭…畑
⑮…芝生
⑯…鉄橋
⑰…月明かり
⑱…昼すぎ
⑲…衣食住
⑳…ごはん

㉑…残業
㉒…手入れ
㉓…夢
㉔…足がぼうになる
㉕…見習う

●ことばさがし　四年

10 賛成の「反対」は反対

【先生・お母さんへ】語いを増やすことは、大切なことです。反対語はその意味で楽しみながらできるものです。

❖その① 下から反対のことばを選びましょう。

(1) 相手 ↕ □
(2) 弟 ↕ □
(3) 楽しい ↕ □
(4) 乗る ↕ □
(5) あつい ↕ □
(6) 押《お》す ↕ □
(7) 動く ↕ □
(8) 借《か》りる ↕ □
(9) 登山 ↕ □
(10) 広い ↕ □

止まる　下山　降《お》りる　自分　兄　川　うすい　高　引く　返す　鳴《な》く　苦しい　女　せまい

❖その②　こんどは、漢字一文字の反対語を考えましょう。二つの語を結ぶと、熟語《じゅくご》になります。

(1) 強 ↕ □

(2) 左 ↕ □

(3) 明 ↕ □

(4) 長 ↕ □

(5) 悲 ↕ □

(6) 勝 ↕ □

(7) 攻 ↕ □

(8) 古 ↕ □

(9) 昼 ↕ □

(10) 上 ↕ □

(11) 寒 ↕ □

(12) 売 ↕ □

(13) 内 ↕ □

(14) 動 ↕ □

(15) 東 ↕ □

(16) 天 ↕ □

(17) 出 ↕ □

(18) 集 ↕ □

(19) 男 ↕ □

(20) 大 ↕ □

(21) 手 ↕ □

(22) 前 ↕ □

(23) 晴 ↕ □

(24) 生 ↕ □

(25) 進 ↕ □

(26) 多 ↕ □

(27) 軽 ↕ □

(28) 遠 ↕ □

(29) 兄 ↕ □

(30) 始 ↕ □

答え

その①

(1)…自分
(2)…兄
(3)…苦しい
(4)…降りる
(5)…うすい
(6)…引く
(7)…止まる
(8)…返す
(9)…下山
(10)…せまい

その②

(1)…弱
(2)…右
(3)…暗
(4)…短
(5)…喜
(6)…負
(7)…守
(8)…今
(9)…夜
(10)…下

(11)…暑
(12)…買
(13)…外
(14)…静
(15)…西
(16)…地
(17)…入
(18)…散
(19)…女
(20)…小

(21)…足
(22)…後
(23)…雨
(24)…死
(25)…退《たい》
(26)…少
(27)…重
(28)…近
(29)…弟
(30)…終

●気をつけたい話しことば　四年

11 笑ってはいられない

どこがまちがっているのかな。

① 長いめの棒《ぼう》。（ちょっと長い棒）

② 読まないじまいだった。（とうとう読めなかった）

③ 朝から晩《ばん》までけんかのしっぱなし。

④ 年賀《が》じょうを百枚ください。

【先生・お母さんへ】一度、間違えて覚えたことばは、そう簡単には直りません。間違いを正しいと思っている人が多い場合もあります。

⑤ ちょっと見してちょうだい。

⑥ ぜんぜんいいよ。

⑦ どうも、すいません。

⑧ そのようふく、ぼくにも着れるよ。

⑨ 家に帰って、母親に聞いてみます。

⑩ 学校の帰りに、道草を食べちゃだめよ。

⑪ 宝石《ほうせき》みたくきれいだ。

答え

①…「長めの棒」と言わなければいけない。

②…「読まない」は「読まず」が正しい。

③…「……ぱなし」は、そのままにしておくことで、ここは「しどおし」。

④…ここではがきのことだから、「年賀はがきを……」と言うべき。

⑤…「見せてちょうだい」が正しい。

⑥…「ぜんぜん」の後には「……ない」がくるきまりなので、「ぜんぜんいいよ」は正しくない。

⑦…「すいません」は「すみません」と言わなければいけない。

⑧…近ごろは、「見れる」「着れる」と言う人がいるが、「着られる」が正しい。

⑨…「母親」と言うより、「母」と言うべきでしょう。

⑩…ここでは、「食べる」ではおかしくて、「食っちゃ」と言わなければいけない。

⑪…「宝石みたいに」と正しく使ってほしい。

●ようすを言いあらわす　三年

12 いちばんぴったり

【先生・お母さんへ】副詞（かざりことば）が上手に使えると、文章もいきいきとしてきます。

下の□内のどれがあてはまるでしょう。

① きらきら □

② よちよち □

③ べらべら □

④ ひりひり □

⑤ ゆらゆら □

しゃべる
痛《いた》む
光る
ゆれる
歩く

⑥ つるつる ［　］

⑦ まるまる ［　］

⑧ むしゃむしゃ ［　］

⑨ すいすい ［　］

⑩ がみがみ ［　］

⑪ くるくる ［　］

⑫ しとしと ［　］

⑬ のそのそ ［　］

⑭ にこにこ ［　］

⑮ こそこそ ［　］

⑯ ちょろちょろ ［　］

⑰ べろべろ ［　］

笑う　どなる　なめる　歩く　食べる　泳ぐ　降《ふ》る　流れる　すべる　回る　かくれる　太る

⑱ せかせか □

⑲ すらすら □

⑳ みしみし □

㉑ ぽたぽた □

㉒ ばたばた □

㉓ かさかさ □

㉔ めらめら □

㉕ びりびり □

㉖ にょきにょき □

㉗ するする □

㉘ ずきずき □

㉙ すくすく □

きしむ　もえる　歩く　かわく　のぼる　はえる　読む　たれる　痛む　育つ　やぶれる　たおれる

㉚ げらげら □

㉛ わんわん □

㉜ ちらちら □

㉝ ぷんぷん □

㉞ さらさら □

㉟ わいわい □

㊱ きんきん □

㊲ しくしく □

㊳ ぐつぐつ □

㊴ はきはき □

㊵ にやにや □

答える　笑う　さわぐ　光る　流れる　泣く　どなる　にる　痛む　言う　おこる

答え

①…光る
②…歩く
③…しゃべる
④…痛む
⑤…ゆれる
⑥…すべる
⑦…太る
⑧…食べる
⑨…泳ぐ
⑩…どなる

⑪…回る
⑫…降る
⑬…歩く
⑭…笑う
⑮…かくれる
⑯…流れる
⑰…なめる
⑱…歩く
⑲…読む
⑳…きしむ

㉑…たれる
㉒…たおれる
㉓…かわく
㉔…もえる
㉕…やぶれる
㉖…はえる
㉗…のぼる
㉘…痛む
㉙…育つ
㉚…笑う

㉛…泣く
㉜…光る
㉝…おこる
㉞…流れる
㉟…さわぐ
㊱…どなる
㊲…痛む
㊳…にる
㊴…答える
㊵…笑う

●ことばを知ろう　三年

13 たとえば…

【先生・お母さんへ】比喩は、伝達と強調の目的で使われます。どんなものがあるか、初歩的なものを紹介します。

❖その① 上の文は、どんなことを表わす時に使われるでしょうか。下からえらんでみましょう。

(1) マッチ箱みたいに［　　］

(2) 雪のように［　　］

(3) 花のように［　　］

(4) 氷のように［　　］

(5) 小山のように［　　］

美しい
大きい
白い
小さい
つめたい

❖その②　こんどは線で結んでみましょう。

(1) 鬼《おに》のように・　・かたい

(2) 石のように・　・速い

(3) 火のように・　・おそろしい

(4) 糸のように・　・熱い

(5) 矢のように・　・細い

(6) 綿《わた》のような・　・流れる

(7) 水を打ったように・　・静か

(8) けしつぶみたいに・　・小さい

(9) 山のような・　・白い雲

(10) 汗《あせ》が滝《たき》のように・　・大波

答え

その①

(1)…小さい

(2)…白い

(3)…美しい

(4)…つめたい

(5)…大きい

その②

(1)…おそろしい

(2)…かたい

(3)…熱い

(4)…細い

(5)…速い

(6)…白い雲

(7)…静か

(8)…小さい

(9)…大波

(10)…流れる

●ことばをむすぶ　四年

14 あみだく字

【先生・お母さんへ】あみだくじを利用した遊びです。

このままでは、正しい組み合わせになりません。横線を加えて、つながるようにしましょう。

❖その①　三本の横線を加えます。

強い　暑い　軽い　細かい

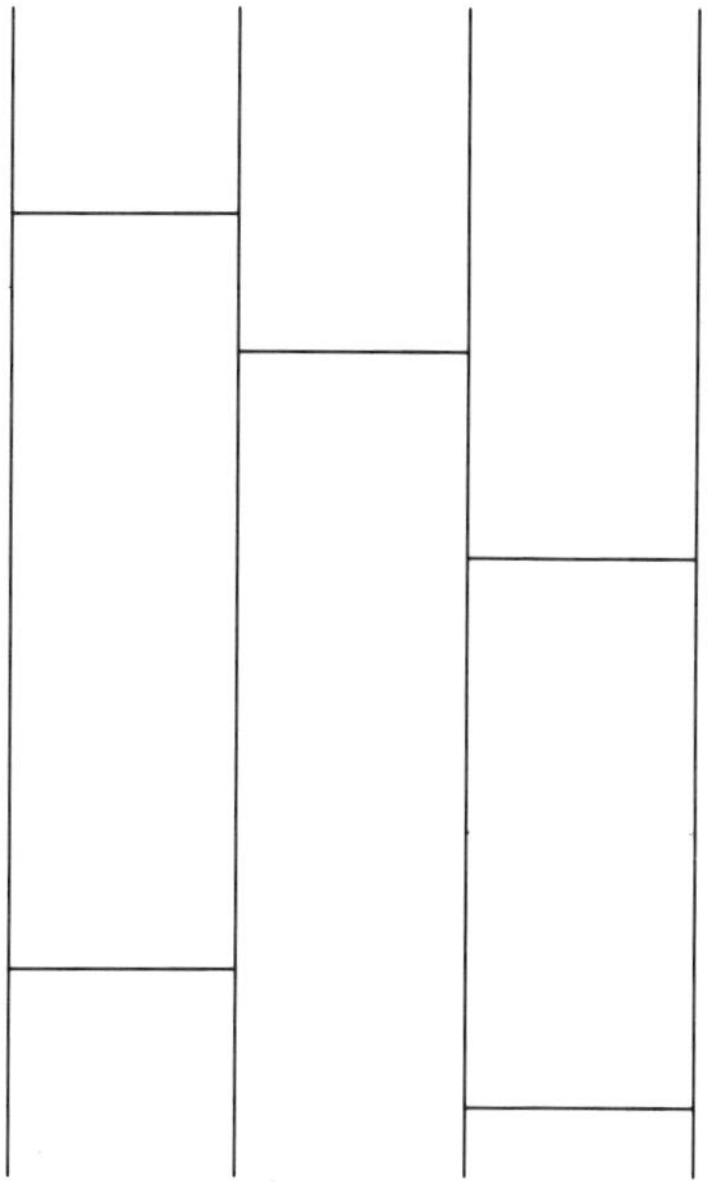

夏　チーム　雨　体重

◆**その②** 三本の横線を加えます。

ジュース　電車　絵　雨　校庭

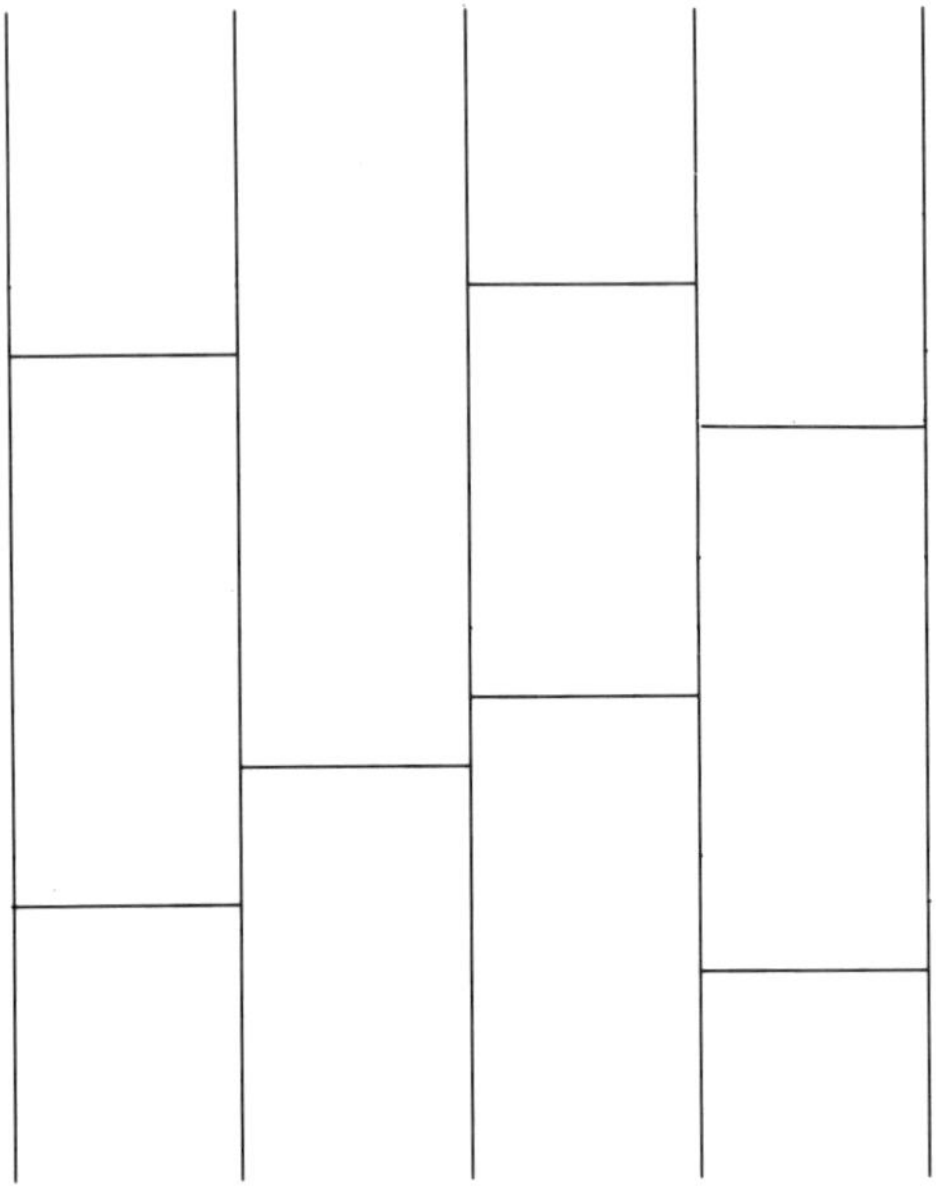

遊ぶ　降《ふ》る　飲む　見る　乗る

❖**その③** 四本の横線を加えます。

馬　花　本　家　葉

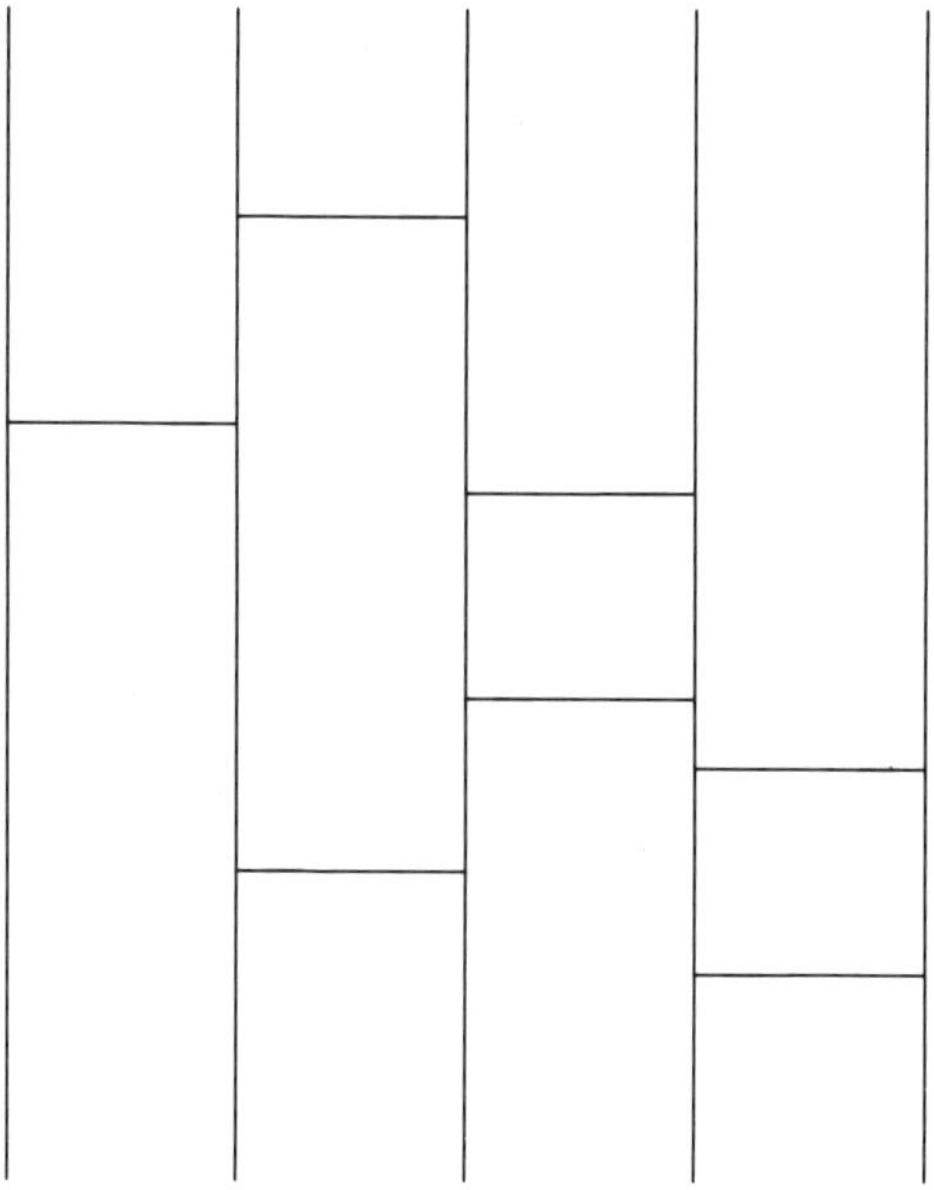

読む　住む　走る　落ちる　咲《さ》く

❖その④　八本の横線を加えます。

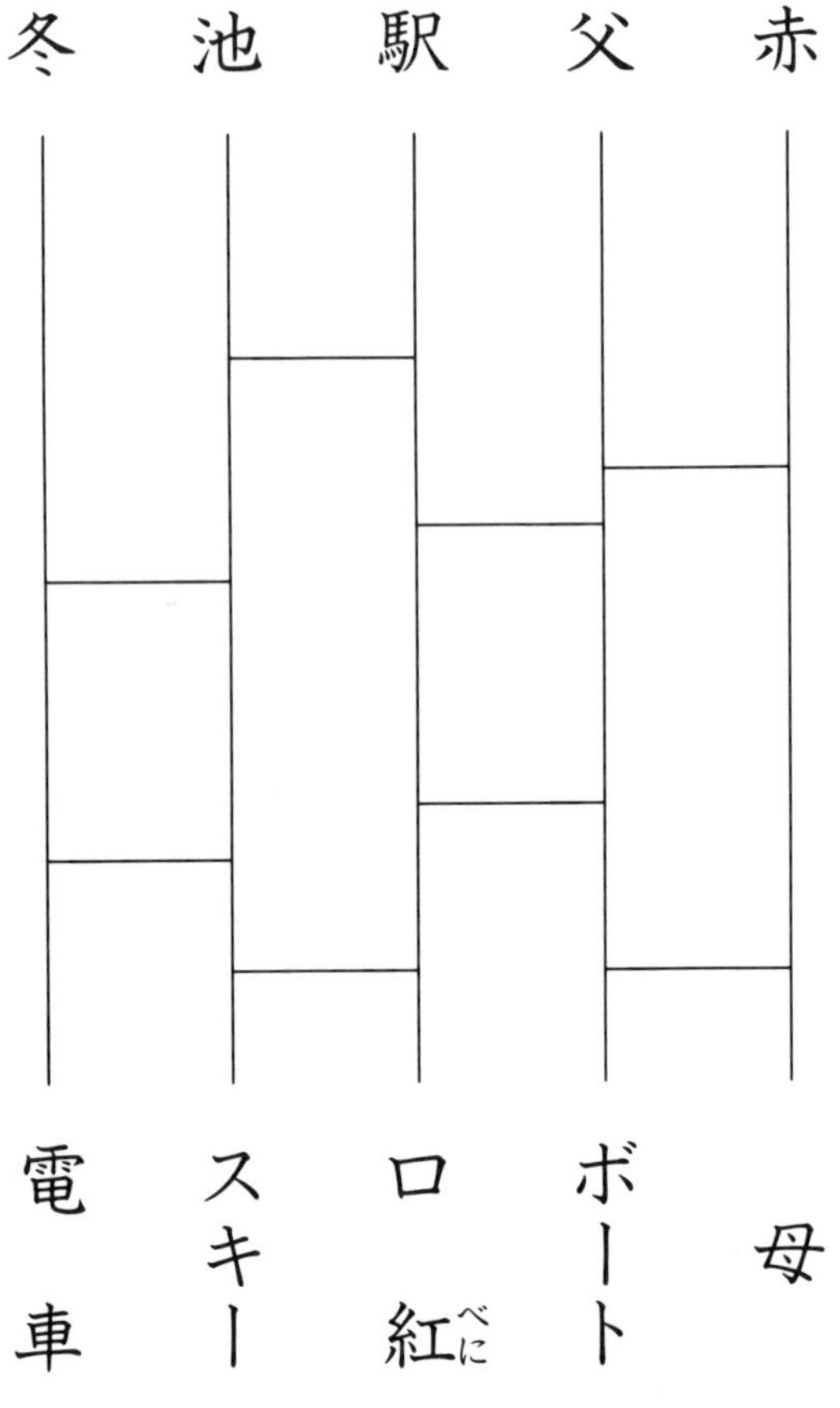

赤
父
駅
池
冬
母
ボート
口紅《べに》
スキー
電車

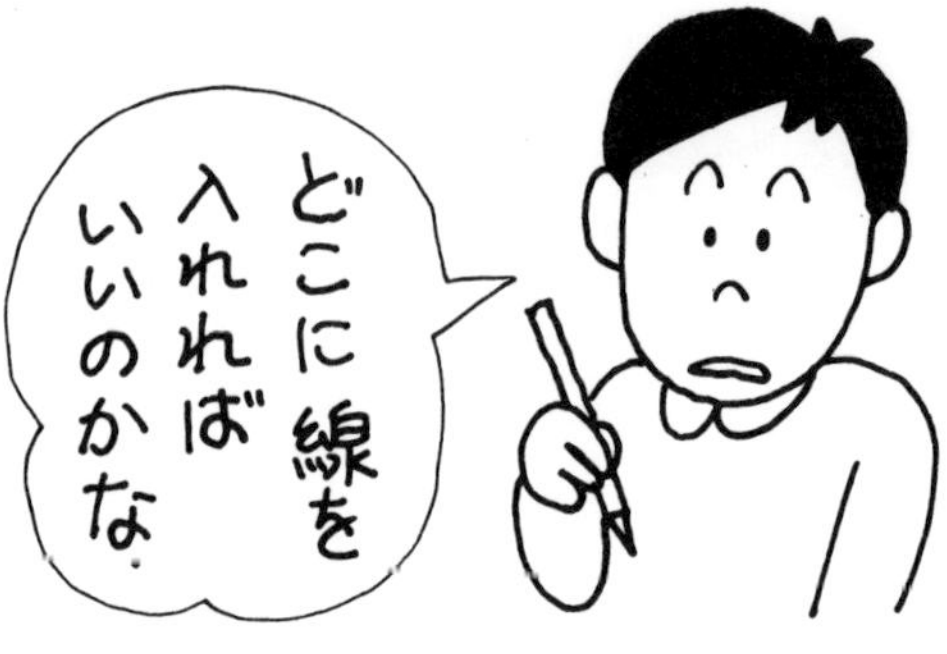

どこに線を入れればいいのかな。

❖その⑤　六本の横線を加えます。

熱い　始まる　着る　細い　古い

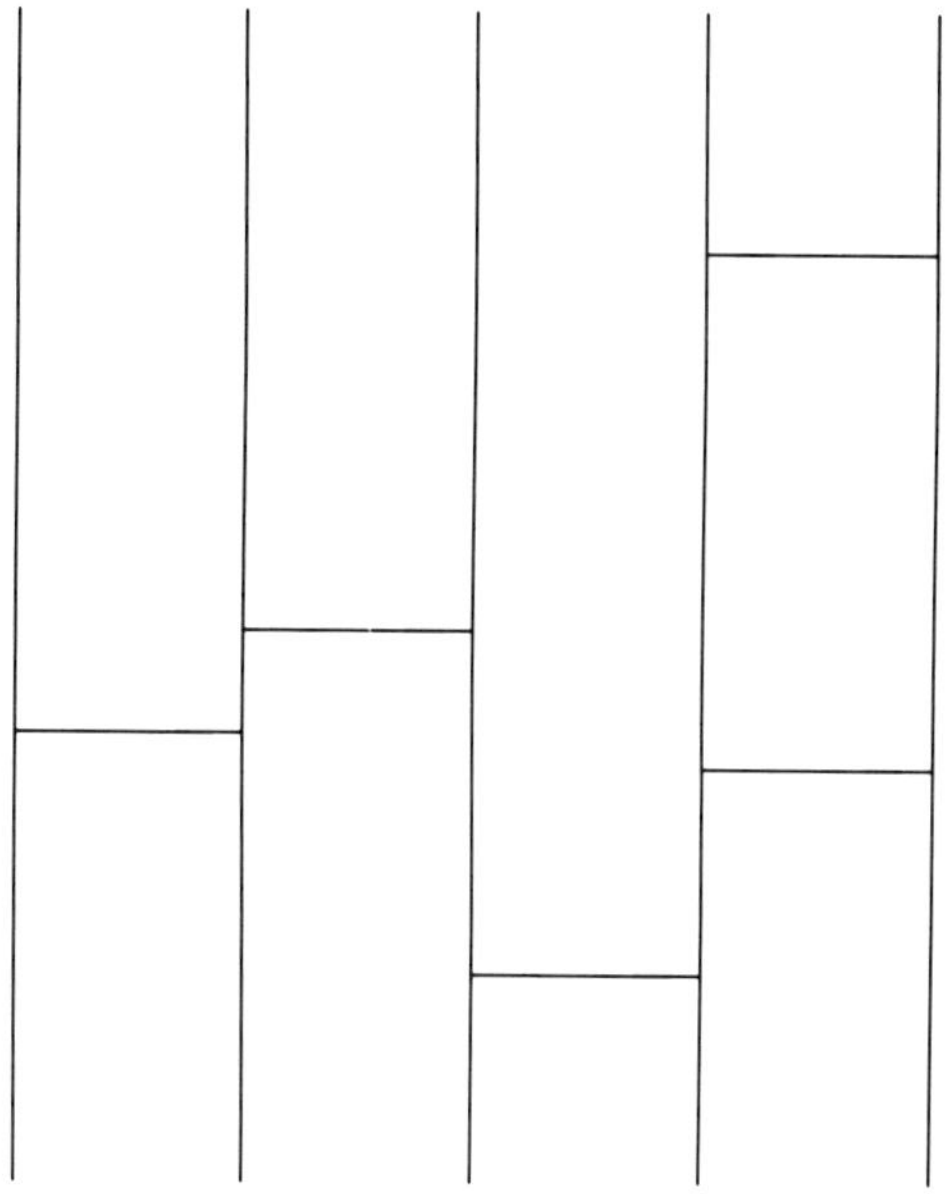

新しい　太い　ぬぐ　冷たい　終わる

答え 太い線が加えた線です。

その①

強い　暑い　軽い　細かい

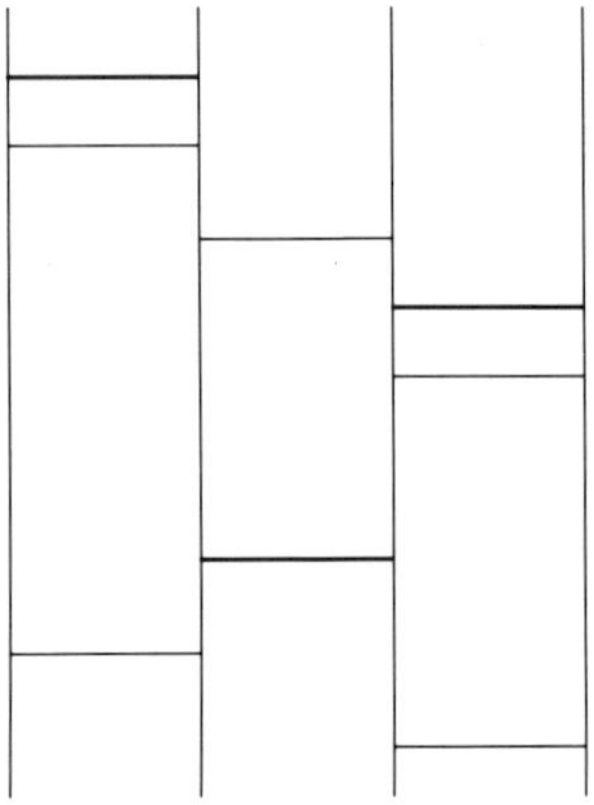

夏　チーム　雨　体重

その②

ジュース　電車　絵　雨　校庭

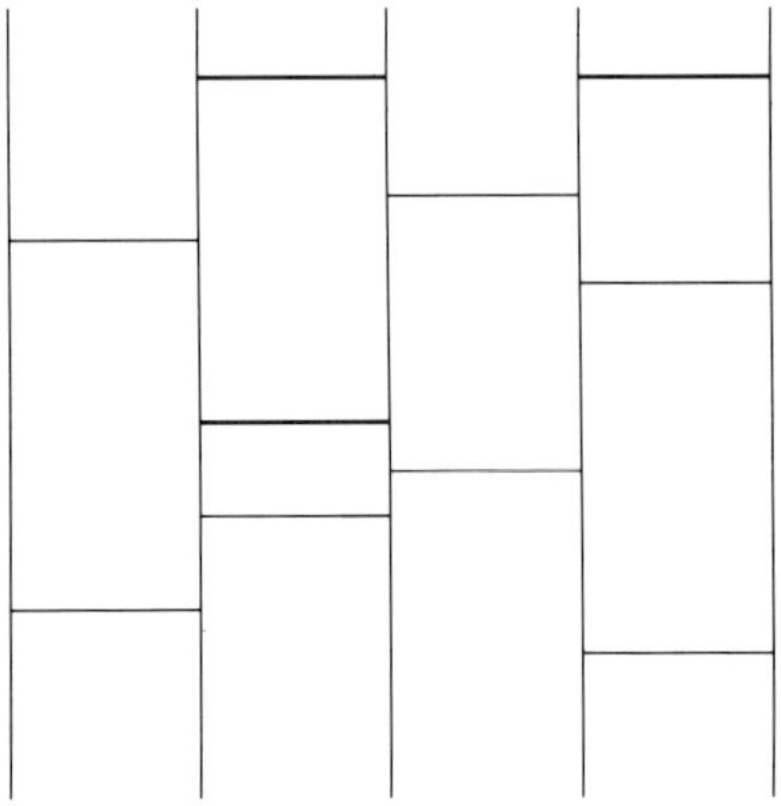

遊ぶ　降る　飲む　見る　乗る

その③

馬　花　本　家　葉

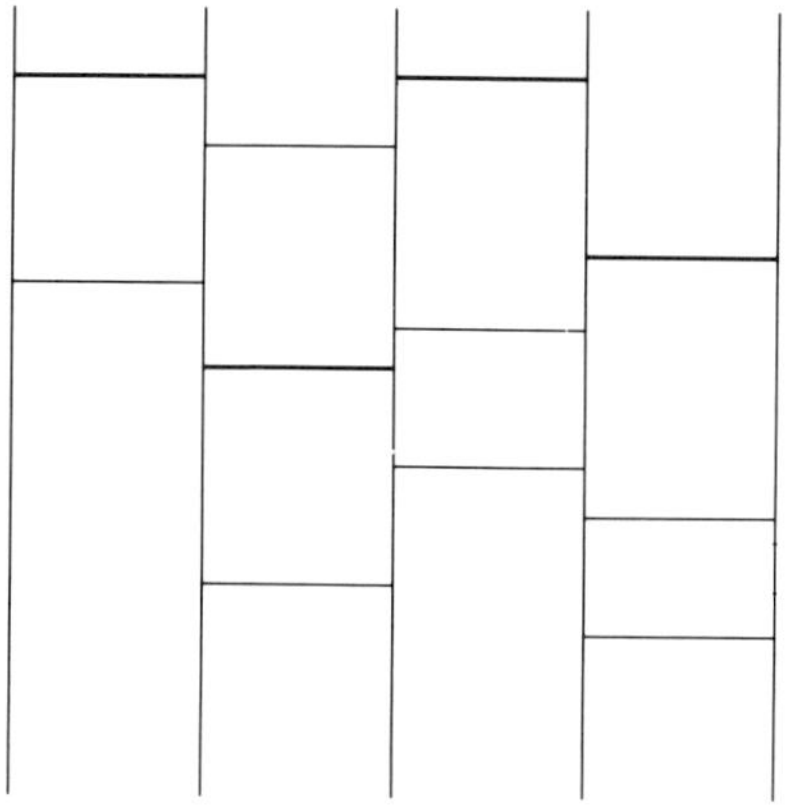

読む　住む　走る　落ちる　咲く

その④

赤　父　駅　池　冬

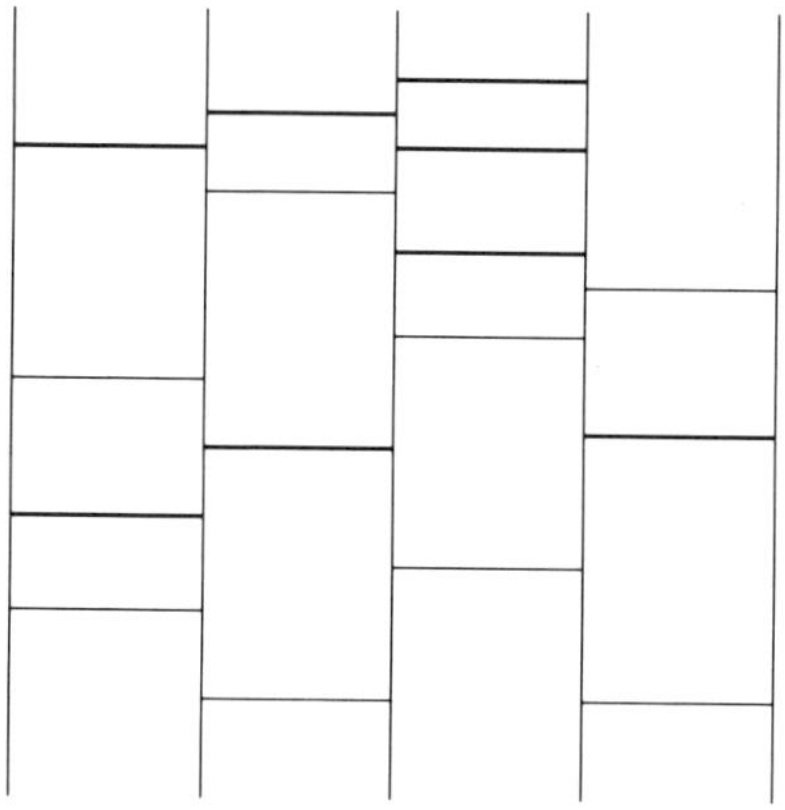

母　ボート　口紅　スキー　電車

その⑤

熱い　始まる　着る　細い　古い

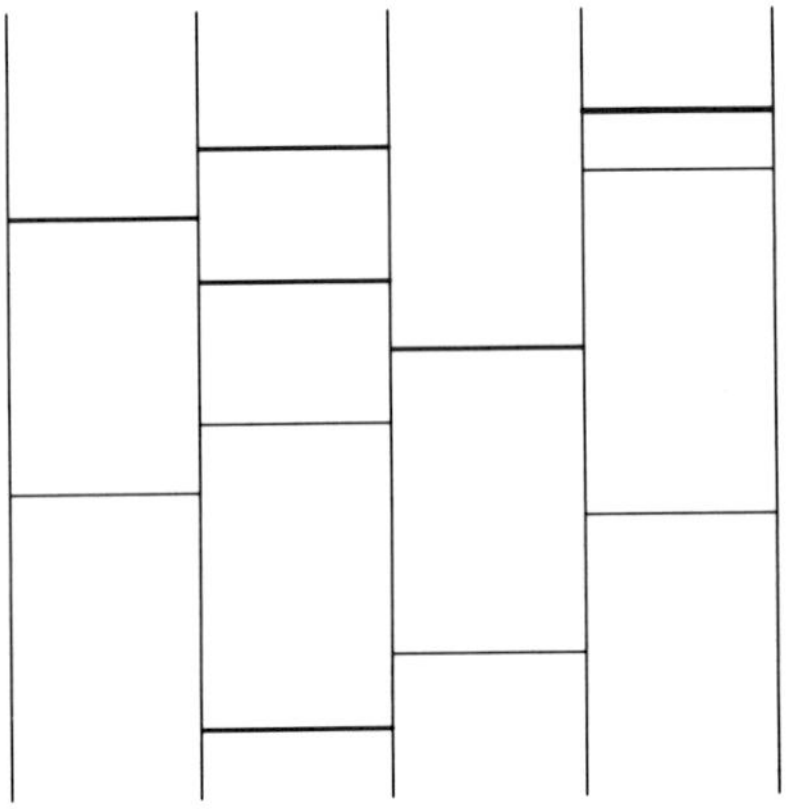

新しい　太い　ぬぐ　冷たい　終わる

●ことわざを知ろう　四年

15 何が入るかな㈠

□の中に、昆虫《こんちゅう》や動物の名まえを下からえらんで入れ、正しいことわざにしてみましょう。

① あぶ□取らず

② □は三日飼《か》えば三年恩《おん》を忘《わす》れぬ

③ 井《い》の中の□大海を知らず

④ □の歩《あゆ》み

⑤ □登り

牛	蛙《かわず》	犬	蜂《はち》	鰻《うなぎ》

【先生・お母さんへ】ことわざは、私たちの生活経験から生まれた知恵です。これを使うことによって表現が豊かでいきいきとしたものになります。

⑥ □の一声

⑦ □の子は□

⑧ 立つ□あとを濁《にご》さず

⑨ □知恵

⑩ □の耳に念仏《ぶつ》

⑪ □の滝《たき》登り

⑫ 腐《くさ》っても□

狐《きつね》	猿《さる》	馬	鳥	猫《ねこ》	鶴《つる》
牛	鯉《こい》	蛙《かえる》	象	鯛《たい》	蟬《せみ》

⑬ □の嫁《よめ》入り

⑭ □も木から落ちる

⑮ □は千年□は万年

⑯ 逃《に》がした□は大きい

⑰ □に小判《こばん》

⑱ 能《のう》ある□は爪《つめ》をかくす

猫	犬	魚	鳥	鷹《たか》
鶴	猿	豚《ぶた》	亀《かめ》	狐

答え

①……蜂
②……犬
③……蛙
④……牛
⑤……鰻
⑥……鶴
⑦……蛙　蛙
⑧……鳥
⑨……猿

⑩……馬
⑪……鯉
⑫……鯛
⑬……狐
⑭……猿
⑮……鶴　亀
⑯……魚
⑰……猫
⑱……鷹

動物や昆虫を使ったことわざってけっこうあるんだね。

16 ことわざで遊ぼう

●ことば遊び　四　年

【先生・お母さんへ】ことわざや格言は私たちの生活経験から生まれた知恵といえます。これは、ことわざへの興味を高める遊びです。

上段《だん》と下段のどちらが正しいことわざかわかりますか。

○建っているものは小屋でも使え——立っているものは親でも使え
○ふめば、なまこ——住めば都
○あちら建てればこちらも建てる——あちら立てればこちらが立たぬ
○親の子のころ、子知らず——親の心子知らず
○一年の計は簡単《かんたん》なり——一年の計は元旦《たん》にあり
○人のツラ見てわがツラなおせ——人のふり見て我《わ》がふり直せ

もちろん下段が正しいですね。

では、次の文から思い起こす「ことわざ」や「いろはがるた」は、何でしょう。

①人も歩けば車にあたる――
②授《じゅ》業より給食――
③負け犬が勝ち――
④本日は零点《れいてん》なり――
⑤腐《くさ》ってもったいない――
⑥テスト終われば漢字も忘《わす》れる――
⑦ポパイにほうれん草――
⑧オール五は一日にして成らず――
⑨一年去ってまた一年――
⑩貧乏《びんぼう》居《い》間《ま》なし――

答え

①…犬も歩けば棒《ぼう》にあたる
②…花より団子《だんご》
③…負けるが勝ち
④…本日は晴天なり
⑤…腐《くさ》っても鯛《たい》
⑥…喉《のど》もと過ぎれば熱さを忘れる
⑦…鬼に金《かな》棒
⑧…ローマは一日にして成らず
⑨…一難《いちなん》去ってまた一難
⑩…貧乏暇《ひま》なし

●慣用句　四　年

17 何が入るかな(二)

□の中にあてはまる語を下からえらびましょう。

① □が合う

② □の手も借りたい

③ □の行水

④ □の涙《なみだ》

⑤ 袋《ふくろ》の□

烏《からす》	馬
雀《すずめ》	
猫《ねこ》	ねずみ

【先生・お母さんへ】慣用句を知ることによって、人の話や文章の理解に大きく役立ちます。また、ことばへの興味もそれによって、いっそうもつようになるでしょう。

⑥ □の寝《ね》床《どこ》

⑦ □をかぶる

⑧ □寝《ね》入り

⑨ □の子

⑩ □が知らせる

⑪ ゆで□のよう

牛	馬	犬	猫	鰻《うなぎ》
狸《たぬき》	虎《とら》	豚《ぶた》	虫	蛸《たこ》

⑫ □の額《ひたい》

⑬ 飛ぶ□を落とす勢《いきお》い

⑭ □の巣《す》をつついたよう

⑮ □が豆鉄砲《まめでっぽう》を食ったよう

⑯ □の息

⑰ □舌《じた》

猫	犬	鳩《はと》	虫	鳥
蜂《はち》	馬	豚	魚	鷹《たか》

答え

①…馬
②…猫
③…烏
④…雀
⑤…ねずみ
⑥…鰻
⑦…猫
⑧…狸
⑨…虎

⑩…虫
⑪…蛸
⑫…猫
⑬…烏
⑭…蜂
⑮…鳩
⑯…虫
⑰…猫

【先生・お母さんへ】からだの部分で表現する慣習句を知ることによって、表現力が豊かになります。

●慣用句　四年

18 からだを使って

○の中にあてはまるからだの部分の名前を入れましょう。

① ○

- が棒《ぼう》になる（長時間歩き続けてひどく疲《つか》れる）
- が出る（予定していたお金では足りなくなること）
- が早い（食べ物がくさりやすく長もちしない）
- が遠のく（以前のようにそこをたずねることが少なくなる）
- げにする（理由もないのにひどいしうちをする）

②　○

が軽い（言ってはいけないことまで言ってしまう）
が重い（人前であまりしゃべらない）
にのぼる（話題としてとりあげられる）
がすべる（うっかりしゃべってしまう）
が悪い（人をけなすようなことをえんりょなく言う）

③　○

が回らない（借金《しゃっきん》がふえてやりくりがつかない）
をかしげる（考えこむ動作）
をそろえる（関係者がみんなそこに集まる）
を長くする（今か今かと待ちこがれるようす）
になわをつけても（いやがる人を無理やりつれていく）

④ ○

が上がらない（したがうほかはない）
から湯気をたてる（はげしくおこっているようす）
が固い（がんこである）
をかかえる（ひじょうに困《こま》っている）
をひねる（よく考える）

⑤ ○

色を見る（あいての表情をうかがう）
が広い（多くの人に知られている）
から火が出る（たいへんはずかしい）
に泥《どろ》をぬる（はじをかかせる）
をほころばせる（うれしさでにっこりする）

⑥ ◯

をなでおろす（ほっとする）
につかえる（心配事が気になる）
がいっぱいになる（喜び悲しみでどうしてよいかわからない）
を打つ（感動させる）
がすく（さわやかな気分になる）

⑦ ◯

がおれる（苦労する）
身をおしまず（一心に働くようす）
身にこたえる（苦痛《くつう》でもうこりごり）
をうめる（そこで一生を終える）
身をけずる（ひじょうな苦労で体がやせ細るほどの思いをする）

⑧ ◯

- が早い（人のうわさなど早く聞きつける）
- にする（ぐうぜん聞く）
- をかたむける（熱心に聞く）
- をすます（精神を集中させる）
- をふさぐ（他人の言うことを聞こうとしない）

⑨ ◯

- すかしを食う（相手にうまくそらされる）
- を持つ（その人に味方する）
- の荷がおりる（重い責任《せきにん》をはたしてほっとする）
- をすぼめる（失敗してすまなそうにする）
- が軽くなる（気が楽になる）

⑩ ○

がもつれる（発音がはっきりしない）
先三寸《さんずん》（口先だけ）
つづみをうつ（とてもおいしい）
の根のかわかぬうちに（ある事を言った後で、すぐ反対のことを言う）
をまく（ひじょうにおどろいた）

⑪ ○

もちをつく（後ろにたおれる）
が重い（すぐ行動にうつらない）
が軽い（物事をすぐ引受ける、すぐ動く）
ぬぐいをする（他人のしたことをしまつする）
をまくる（たいどをかえてけんかごしになる）

⑫ ○

に汗《あせ》をにぎる（ひじょうにきんちょうしているようす）

も足も出ない（やりようがなく困っている）

足をのばす（ゆっくりくつろぐ）

がつけられない（あまりひどくやりようがない）

に負えない（自分の力ではどうしようもない）

⑬ ○

であしらう（あいてをばかにする）

にかける（じまんする）

っぱしらがつよい（かんたんにくじけない）

で笑う（ばかにする）

もひっかけない（まったく問題にしない）

背《せ》に負えない
足に負えない
頭に負えない
う～ん
ちがうな

⑭ ○

- が立つ（おこる）
- が黒い（心の中でよくないことを考える）
- の虫が治まらない（ひどくおこってがまんがならない）
- をかかえる（おかしくてたまらない）
- が太い（思いきったことができる）

⑮ ○

- を白黒させる（ひどくおどろいたようす）
- がさえる（ねむくなくなる、はっきりする）
- が高い（いい悪いを正しく見分けられる）
- から鼻にぬける（ひじょうにはんだん力がある）
- から火が出る（顔を強くうった時受ける感じ）

⑯ ○

のぬけたよう　（まばらでふぞろいのようす）
の根が合わない（寒さやおそろしさでがたがたする）
が立たない　（とてもかなわない）

⑰ ○

で使う　（人をこき使う）
がおちそう（ひじょうに味がいいと感じる）
がはずれる（おかしくて笑いがとまらない）
を出す　（くたびれる）

⑱

ヒント　体の部分というより内ぞうの一部です。◯だめしとも言います。

◯
- を冷やす（思わずぞっとする）
- をつぶす（ひどくおどろく）
- がすわる（どんな場合にもおどろいたりあわてたりしない）
- が小さい（気が小さい）
- にめいじる（決して忘《わす》れないようにする）

⑲

ヒント　人間になく、犬や猫《ねこ》にはあります。

◯
- を出す（見やぶられる）
- をつかむ（動かぬしょうこを押《お》さえて、ごまかしを見やぶる）
- をまく（逃《に》げだそうとする）

答え

①…足
②…口
③…首
④…頭
⑤…顔
⑥…胸《むね》

⑦…骨《ほね》
⑧…耳
⑨…肩《かた》
⑩…舌《した》
⑪…しり
⑫…手

⑬…鼻
⑭…腹《はら》
⑮…目
⑯…歯
⑰…あご
⑱…きも

⑲…しっぽ

体の一部を使ったことわざもたくさんあるね.
しっぽ
ぼくのだってあるニャ

●漢字の読み　三年

19 こんなにある

「生」の読み方もいろいろあります。一つずつ読んでみましょう。ふだん使っているものばかりですよ。

① 生きる　② 生埋《う》め　③ 生まれる　④ 生毛

⑤ 生れ年　⑥ 生い立ち　⑦ 生そば　⑧ 誕《たん》生日

⑨ 生活　⑩ 生え抜《ぬ》き　⑪ 芽《め》生え　⑫ 芝生

【先生・お母さんへ】漢字に興味をもってもらうために「生」の読み方を並べてみました。「生」の読み方は、人名、地名など特殊なものを加えると一五〇種もあると言われています。

答え

①…いきる　②…いきうめ　③…うまれる　④…うぶげ

⑤…うまれどし　⑥…おいたち　⑦…きそば　⑧…たんじょうび

⑨…せいかつ　⑩…はえぬき　⑪…めばえ　⑫…しばふ

●漢字を知ろう　四年

20 誤字さがし

【先生・お母さんへ】小学生の作文では、誤字のない作文はないと言っていいでしょう。そこで、誤字を見つけることによって漢字への興味をもたせようとしたのが、この「誤字さがし」です。

まちがっている漢字を○でかこんで、下の○の中に正しい漢字を書きましょう。

① 学校から返ってから遊園池で遊んだ。

② 近くで、子鳥の泣き声が聞こえる。

③ ピストルの相図でスタートする徒競争。

○ ○ ○

○ ○ ○

④ 一同に集って話し会う。

⑤ 門題を全部、解結する。

⑥ 創立五十週年の紀念式典。

⑦ 太西洋と大平洋をむすぶ。

⑧ 半対の意味を現わしていることば。

⑨ いろいろな地方で行われる気節の行司。

⑩ 読書感相文の変りに作文を書く。

答え

①…返↓帰　池↓地
②…子↓小　泣↓鳴
③…相↓合　争↓走
④…同↓堂　会↓合
⑤…門↓問　結↓決
⑥…週↓周　紀↓記
⑦…太↓大　大↓太
⑧…半↓反　現↓表
⑨…気↓季　司↓事
⑩…相↓想　変↓代

以外と気がつかないんだよねー・
あらら、言ってる本人がまちがってるわよ。
（以外↓意外）

●まちがえやすい誤り　四年

21 ついうっかり

【先生・お母さんへ】誤字の中にも、ついうっかり書いてしまうものがあります。その原因はいくつかあります。

音が同じで、意味もにているためにまちがう漢字があります。次の――部を正しい漢字にしなさい。

① 純心なこども。
② ついに泥《どろ》試合になってしまった。
③ あの人は大者だ。
④ 入口に殺倒《とう》する。
⑤ 百点をとって有頂点《うちょうてん》になる。
⑥ 次は音学の時間だ。
⑦ 防《ぼう》害してはいけません。

答え

①…純真
②…泥仕合
③…大物
④…殺到《とう》
⑤…有頂天
⑥…音楽
⑦…妨《ぼう》害

22 どれとどれが

●偏とつくり　三年

【先生・お母さんへ】中学年になると、かなりの数の漢字を覚えてきます。偏とつくりを組み合わせて知っている漢字を作り、漢字への興味をもたせます。

❖その①　線でつないで正しい漢字にしてみましょう。

(1)

つくり

欠　兼　肖　斗　易

偏

氵　冫　土　木　禾

(2)

田　鳥　完　吾　音

口　日　阝　糸　言

❖その②

偏とつくりから一つずつとり出して漢字を書いてみましょう。

偏

言　日　氵　亻　糸　阝　𧾷　彳　車

つくり

周　圣　吏　各　寺　青　皆　冬　皮

❖その③

組み合わせのないものもあります。

偏

木　糸　禾　女　氵　火　言　糸　糸　弓　日　木　氵

つくり

氏　己　虫　昜　交　毎　寸　也　未　且　会　田　丁

❖その④

少し数が多くなりました。

偏

土　舟　豆
辶　ネ　辶　扌
亻
辶　里　氵　馬

つくり

売　予　可　甬
关　首　尺　頁
弋　永　土　也
㕣
昷

❖その⑤

(1) 偏とつくりがばらばらに入っています。

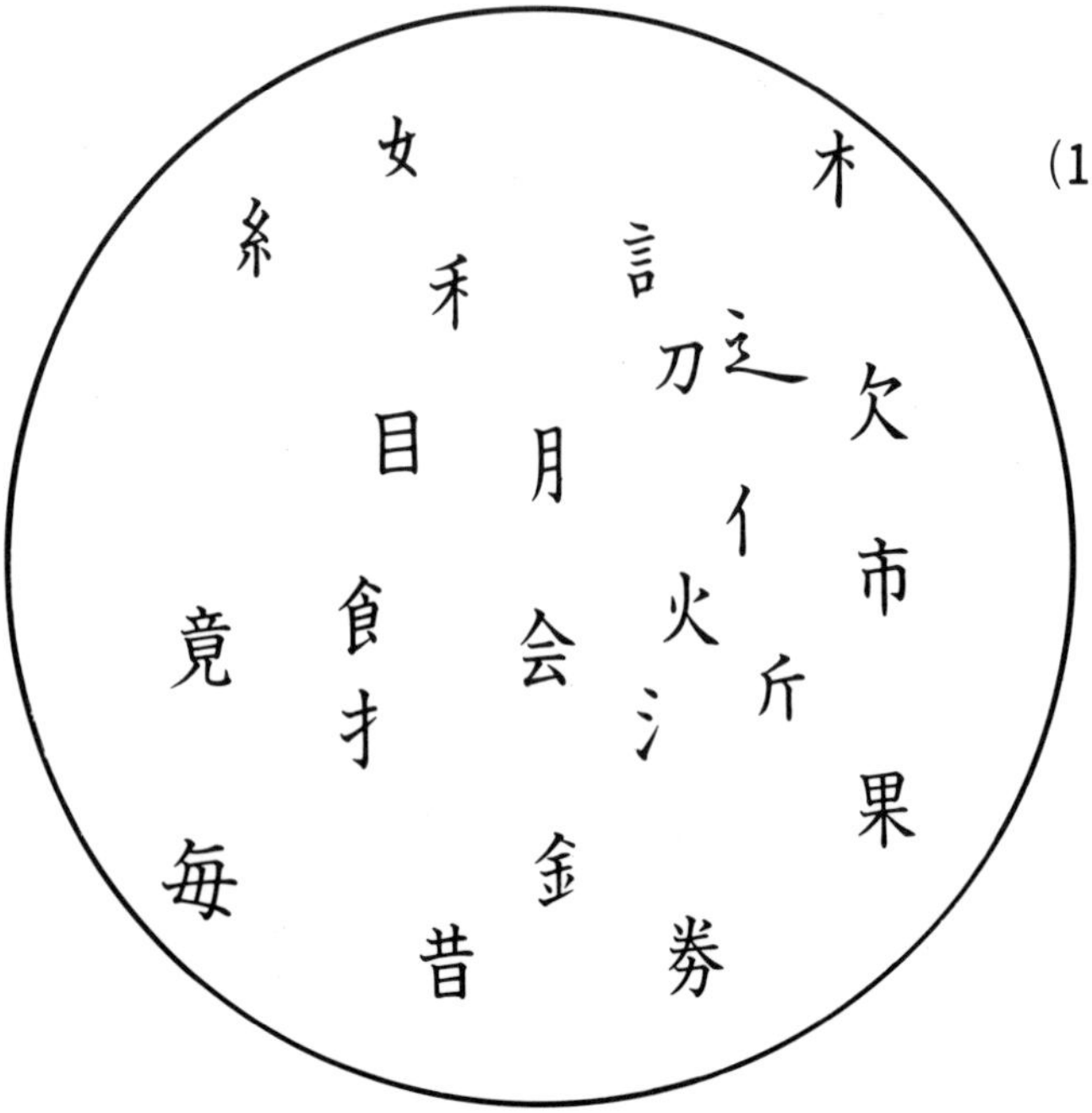

(2)

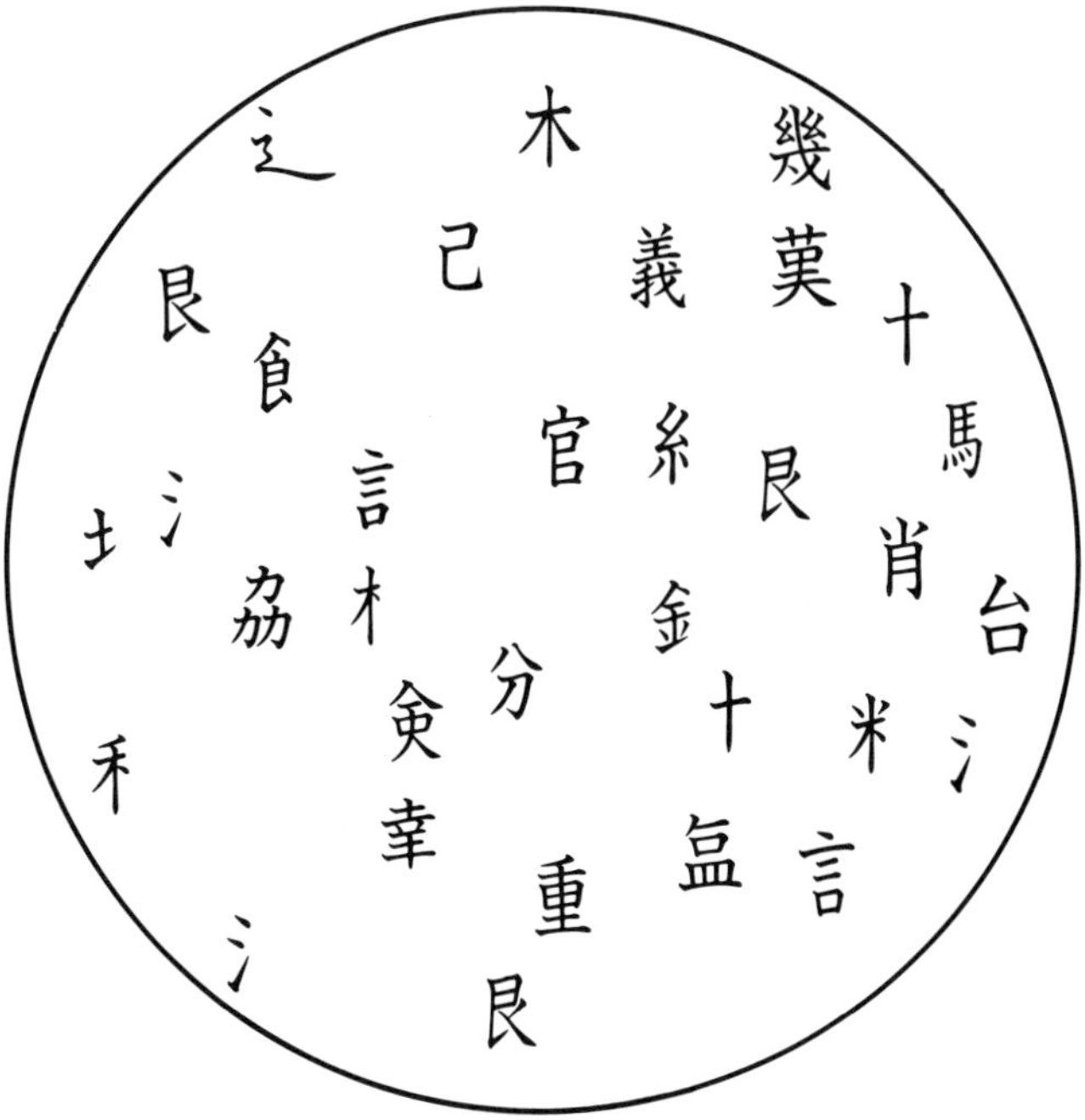

答え

その①

(1)…消次場様科

(2)…鳴暗院細語

その②

調晴待路使波

終階軽彼

その③

村校畑組湯海

記強絵紙

その④

地船頭通送道

社代野泳読打

駅温何

その⑤

(1)…海課辺鏡勝

近相秋姉飲

絵借折飲

(2)…協銀計験粉

消塩機達種

漢議紀館根

治

23 ●漢字を正しい書き順で　四年

どっちへ進む?

【先生・お母さんへ】漢字学習の基本に画数理解があります。字画のきちんとした漢字を書かせるために、楽しく学ばせる方法が、この「画数迷路」です。

スタート⇩の一画の漢字から順に、二画の漢字、三画の漢字というようにたどっていきます。ただ進む道は、上下左右で、ななめにはいけません。あいているところにあてはまる画数の漢字を書きながら、ゴール➡まで進みましょう。

例

兄⑤	中④	一①
曲⑥	上③	二②
君⑦	事⑧	急⑨

① 二画からスタート

	言⑦	丁②
	平⑤	公④

② 五画からスタート

		兄⑤
	深⑪	曲⑥
美⑨		

③ 三画からスタート

類			士
器		付	共
	停	席	
	最		卒

④ 三画からスタート

		味	
動			予
	暗	全	
	薬		

⑤ 三画からスタート

	弟		
			今
	強		新
議	親		

●漢字を読む　四年

24 おかしな字

【先生・お母さんへ】漢字に興味をもつと、何でも漢字で書き表わそうとする子がいるものですが、このような遊びも、漢字を知る一つの方法でしょう。

いろいろな生物を、かわった漢字を使って書いてみました。さて、どんな生物がいるでしょうか。

①加芽（　　　）
②来音（　　　）
③庫意（　　　）
④楽打（　　　）
⑤費場利（　　　）
⑥苦弱（　　　）

⑦ 絵医（　　）

⑧ 落都星（　　）

⑨ 話荷（　　）

⑩ 木林（　　）

⑪ 火場（　　）

⑫ 間具路（　　）

⑬ 席晴院粉（　　）

⑭ 下分土無死（　　）

⑮ 多家（　　）

答え

①…カメ
②…ライオン
③…コイ
④…ラクダ
⑤…ヒバリ
⑥…クジャク
⑦…エイ
⑧…オットセイ
⑨…ワニ
⑩…キリン
⑪…カバ
⑫…マグロ
⑬…セキセイインコ
⑭…カブトムシ
⑮…タカ

漢字にあてはめると、なんだか変なかんじがするね。

●おくりがな　四　年

25 仲間さがし

【先生・お母さんへ】活用する自立語は、漢字で表記されると、送りがなが必要となります。動詞は変化に富んでいるので、種類別に整理させるといっそう理解が深まります。

同じ送りがなの漢字を入れてみましょう。

①

行		
	く	書
聞		

②

	る	出
見		

③

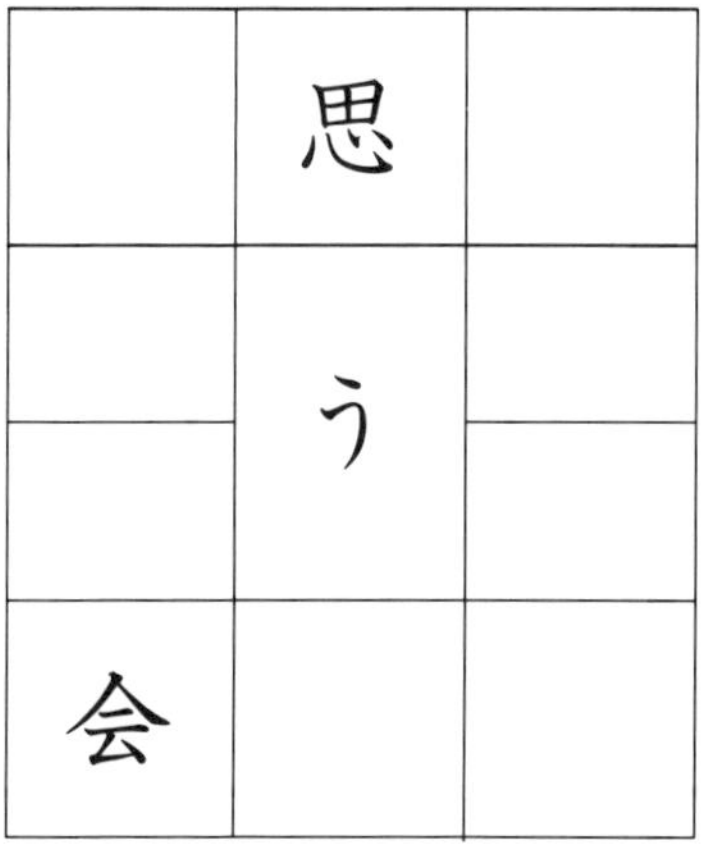

④

⑤

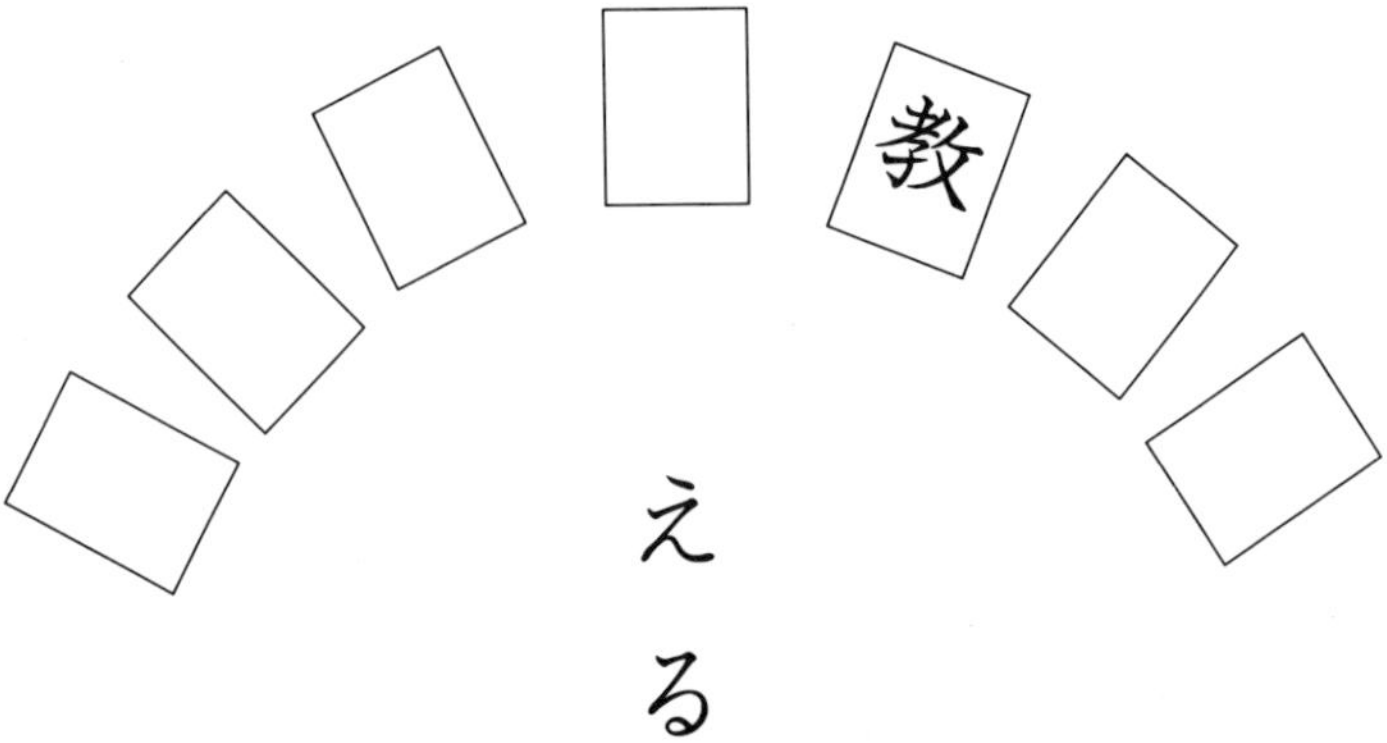

⑥

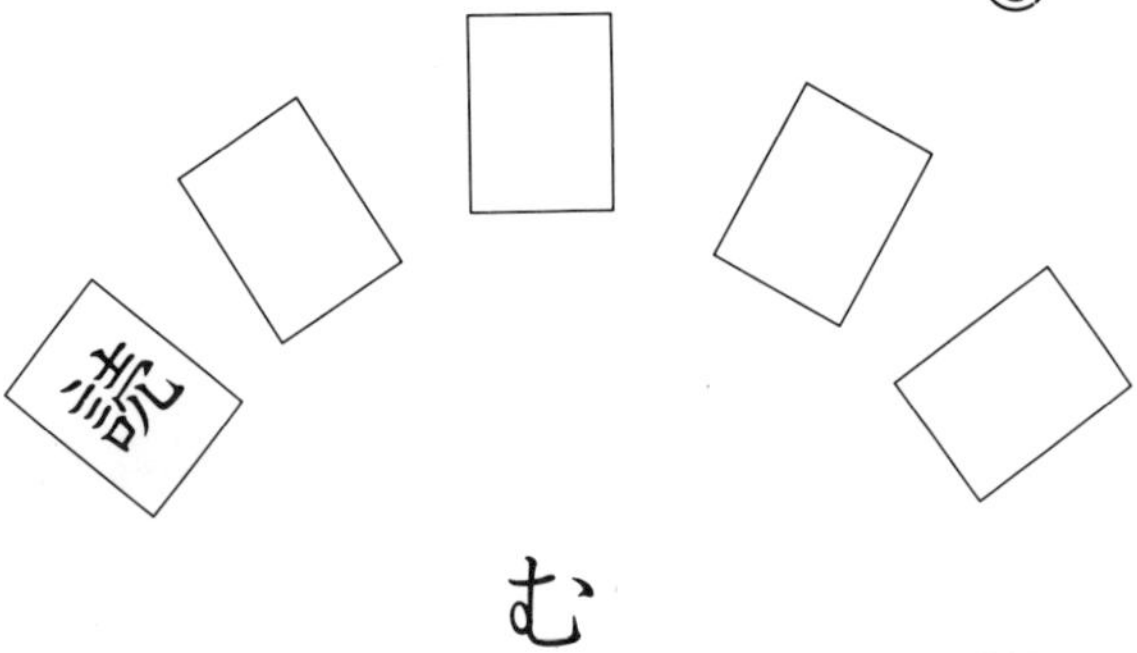

⑦

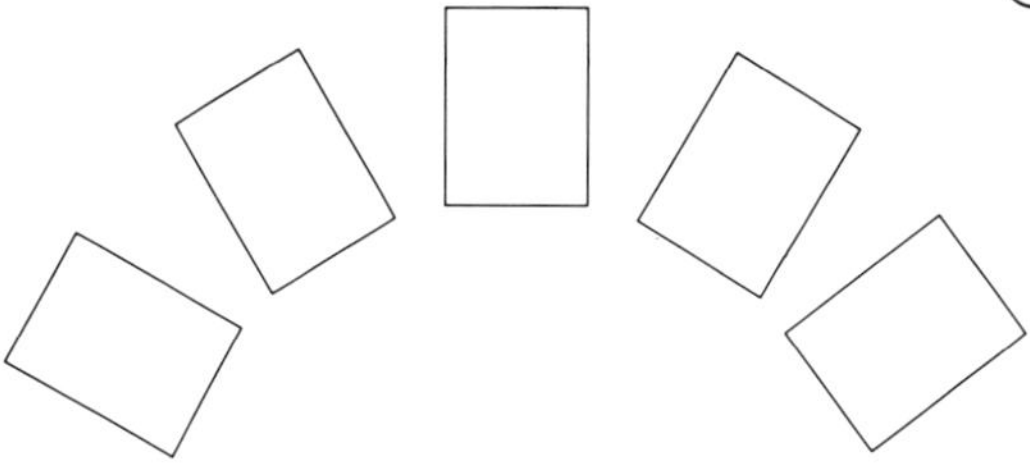

す

⑧

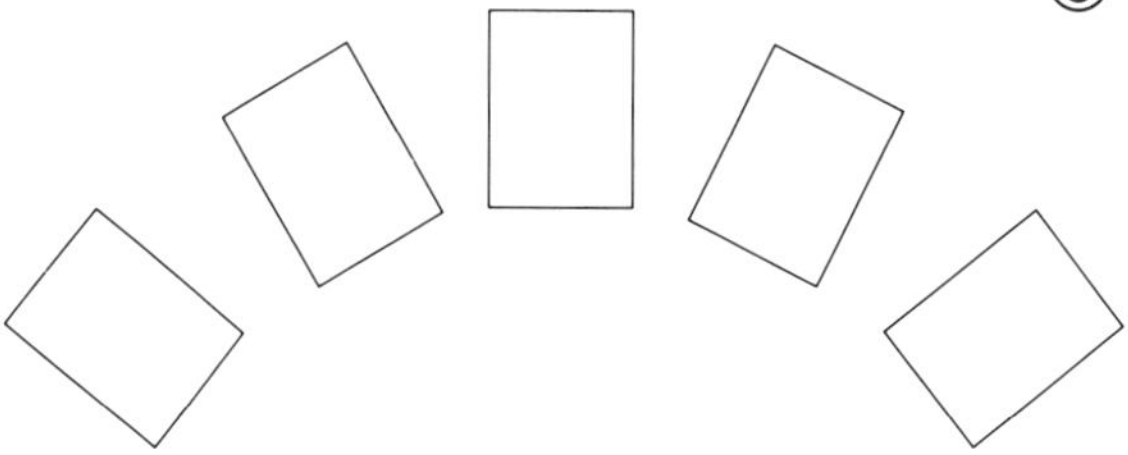

める

⑨

れる

⑩

つ

⑪

ける

答え（例）

①…鳴く　引く　歩く　着く　置く　空く　働く

②…入る　来る　知る　作る　切る　回る　通る　売る　帰る　走る　送る
取る　登る　残る　散る　去る　配る

③…合う　買う　習う　拾う　戦う　養う　争う　救う　願う　失う

④…学ぶ　遊ぶ　運ぶ　選ぶ　喜ぶ　結ぶ

⑤…考える　答える　植える　伝える　加える　栄える　覚える

⑥…休む　組む　飲む　包む　積む　囲む　進む

⑦…話す　出す　返す　申す　記す　消す　殺す

⑧…止める　集める　決める　定める　求める

⑨…流れる　敗れる　晴れる　連れる

⑩…立つ　勝つ　待つ　建つ

⑪…受ける　負ける　続ける　焼ける　助ける　分ける

26 ちがうのはどれ㈠

●漢字づくり　三年

【先生・お母さんへ】部首は漢字の構成や意味を知る上で大切な手がかりを与えてくれます。同じ部首でない漢字を探そうという遊びです。

一つだけ上の偏《へん》（部首）と結びつかないものがあります。どれでしょうか。

①

A　木　きへん
B　宀　うかんむり
C　土　つちへん
D　手　てへん
E　水　さんずい
F　辶　しんにょう
G　人　にんべん

昔	刀	皮	客	盇	呂	主
世	隹	永	丁	号	元	交
木	幸	感	斤	昜	兄	軍
主	身	由	合	反	佰	黄
也	車	肖	兴	也	案	寸

②

A　日　ひ・ひへん

B　糸　いとへん

C　言　ごんべん

D　月　つき・にくづき

E　竹　たけかんむり

F　艹　くさかんむり

G　貝　こがい

乍	成	果	𠂢	昔	云	⺈
罙	及	卩	田	寺	業	化
音	勺	周	昜	弟	央	弗
京	录	式	券	聿	楽	宁
召	合	兑	分	即	走	斤

答え

①

A…軍

B…兄

C…号

D…客

E…感

F…身

G…世

②

A…罙

B…成

C…卩

D…分

E…昔

F…走

G…斤

●漢字を知ろう　四年

27 ちがうのはどれ(二)

【先生・お母さんへ】漢字の大部分は、音と訓の両方の読みをもっています。その区別ができるようにと作ったのが、この「音訓仲間はずれ」です。

四つの漢字を〈　〉に書かれた読み方で読むと、一つだけが音読み（ほかの三つは訓読み）、または、一つだけが訓読み（ほかの三つは音読み）です。その漢字をさがして、下の○に書き入れましょう。

①〈あく〉

明　悪　空　開

○

②〈こ〉

呼　湖　粉　庫

○

③〈かい〉

貝　会　海　回

○

④〈かん〉

神 間 完 寒

⑤〈こ〉

古 固 戸 子

⑥〈た〉

多 田 他 太

⑦〈ち〉

地 池 知 血

⑧
〈と〉

都　戸
図　度

⑨
〈とう〉

冬　問
投　当

⑩
〈ひ〉

飛　火
皮　悲

⑪
〈は〉

刃　波
歯　葉

答え

①…悪
②…粉
③…貝
④…神
⑤…子
⑥…田

⑦…血
⑧…戸
⑨…問
⑩…火
⑪…波

●熟語づくり　四年

28 一字加えて四つ

【先生・お母さんへ】熟語の大部分は、漢字二字からできています。この問題を解くことで熟語づくりや漢字への興味をもたせることにつながると思います。

四つの漢字にかこまれた□に一つの漢字を入れて、四つの熟語《じゅくご》を作りましょう。

①

晴

使　□　雨

地

②

工

件《けん》　□　火

実

③

出

体　□　全

長

④

作
注□化
学

⑤

知
美□工
情

⑥

時
現□表
理

⑦

自

通　□　号

用

⑧

利

信　□　意

具

⑨

合

協　□　情

類

⑩

級

親□情

達

⑪

人

閉《へい》□調

実

⑫

外

愛□語

民

⑬

会

登 □ 内

面

⑭

屋

意 □ 科

出

⑮

友

絶《ぜつ》 □ 調

意

⑯

名

答□外

内

⑰

外

選□場

発

⑱

木

細□作

事

⑲

旅

実 □ 列

進

⑳

全

軽 □ 晴

調

㉑

急

時 □ 達

度

㉒

上

伝□成

人

㉓

絵

手□能《のう》

人

㉔

徒

進□調

道

㉕

対

座《ざ》□判《ぱん》

話

㉖

賃《ちん》

水□行

河《が》

㉗

空

理□定

像

㉘

動

好□敏《びん》

械

㉙

信

記□願

頭

㉚

反

応《おう》□象

立

答え

①…天
②…事
③…身
④…文
⑤…人
⑥…代
⑦…信
⑧…用

⑨…同
⑩…友
⑪…口
⑫…国
⑬…場
⑭…外
⑮…好
⑯…案

⑰…出
⑱…工
⑲…行
⑳…快
㉑…速
㉒…達
㉓…本
㉔…歩

㉕…談
㉖…銀
㉗…想
㉘…機
㉙…念
㉚…対

29 数づくし

●四字熟語　四　年

【先生・お母さんへ】熟語に四字のものがあることを知る第一歩です。ことばに対する興味もあわせて出てくることと思います。

❖その① □の中に数字を入れて、四字熟語《じゅくご》にしてみましょう。

(1) □石□鳥　(一つのことをして二つの利益《えき》をあげること)

(2) □長□短　(長所もあれば短所もあるということ)

(3) □進□退　(少し進んだかと思うと、また引きさがること)

❖その②　□の中に数字を入れて、四字熟語にしてみましょう。
下に書いてある意味を読んでから考えてください。

(1)　□人□脚《きゃく》（二人で肩《かた》を組み、内側の足首を結び合わせて走る競技）

(2)　□苦□苦（非《ひ》常な苦しみ）

(3)　□転□起（七度失敗して転倒《とう》しても、またくじけず起きあがって、チャレンジするさま）

(4)　□年□日（長い年月、少しの変化もなく、同じような状態《たい》にあること）

(5)　□発□中（百発うって、百発とも命中すること）

❖その③　四字熟語のやさしいのを集めてみました。下の意味を読んで、□の中に漢字を入れてください。

⑴　大□小異　（少しの違いはあっても、だいたい同じこと）

⑵　正□堂□　（やり方や態度が正しく、堂々としているさま）

⑶　□死半□　（半分死にかかって、生きている気がしないありさま）

⑷　意気□合　（おたがいに、パッと気が合い心が通じること）

⑸　無我夢□　（何かに心をうばわれ、我《われ》を忘れること）

答え

その①

(1)……一二

(2)……一一

(3)……一一

その②

(1)……二三

(2)……四八

(3)……七八

(4)……十一

(5)……百百

その③

(1)……同

(2)……正堂

(3)……半生

(4)……投

(5)……中

30 漢字しりとり

●熟語づくり　四年

【先生・お母さんへ】しりとり遊びは、子どもの代表的な遊びですが、漢字となると、なかなか難しいものです。そこで、問題によっては、ヒントをつけました。

❖その① ◯の中に漢字を入れ、矢じるしの方向に、じゅんじゅんに熟語を作っていってください。

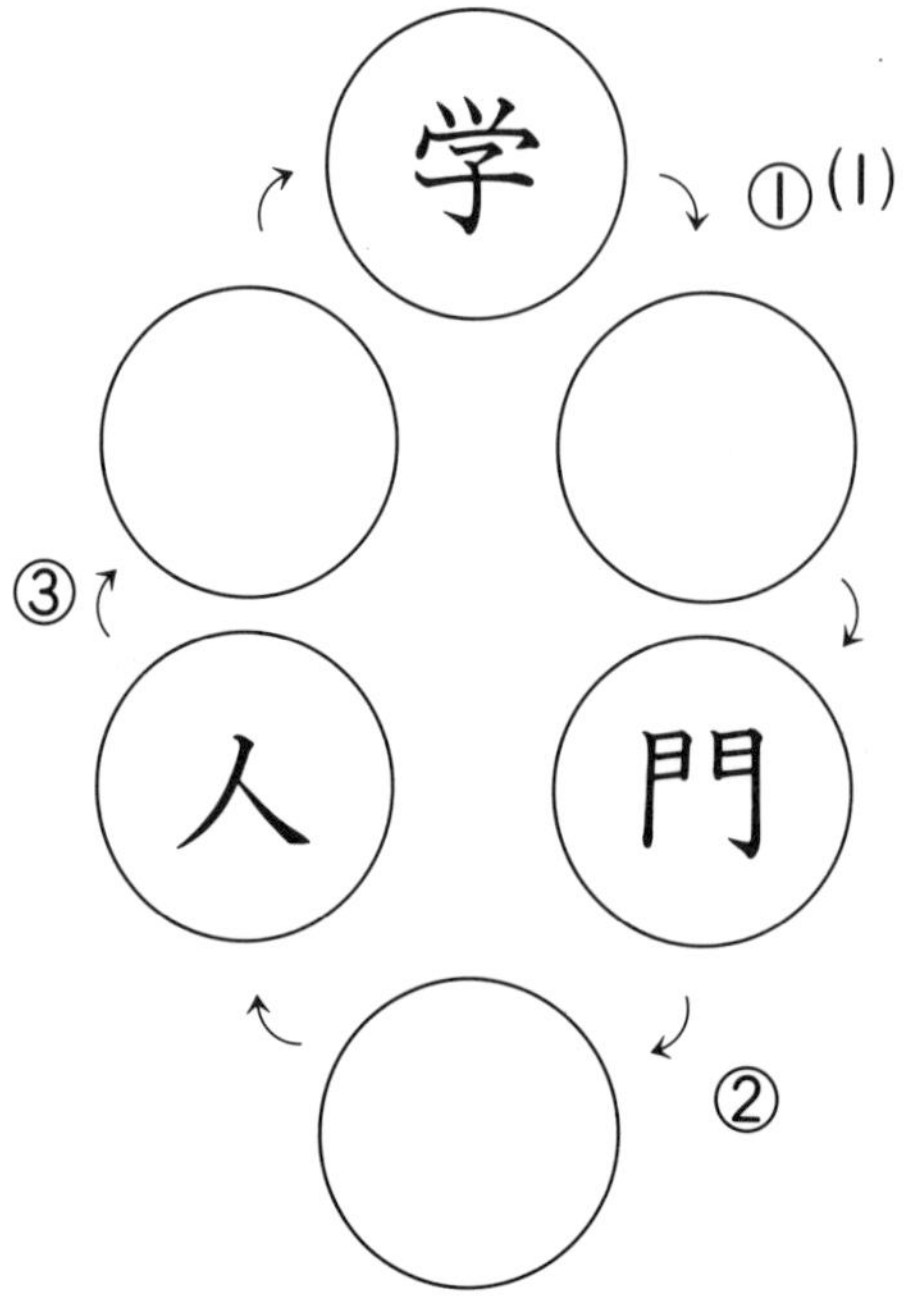

ヒント

① ぼくの通っている……。

② いつも見張《は》っている◯人。

③ クラスの人◯。

(2)

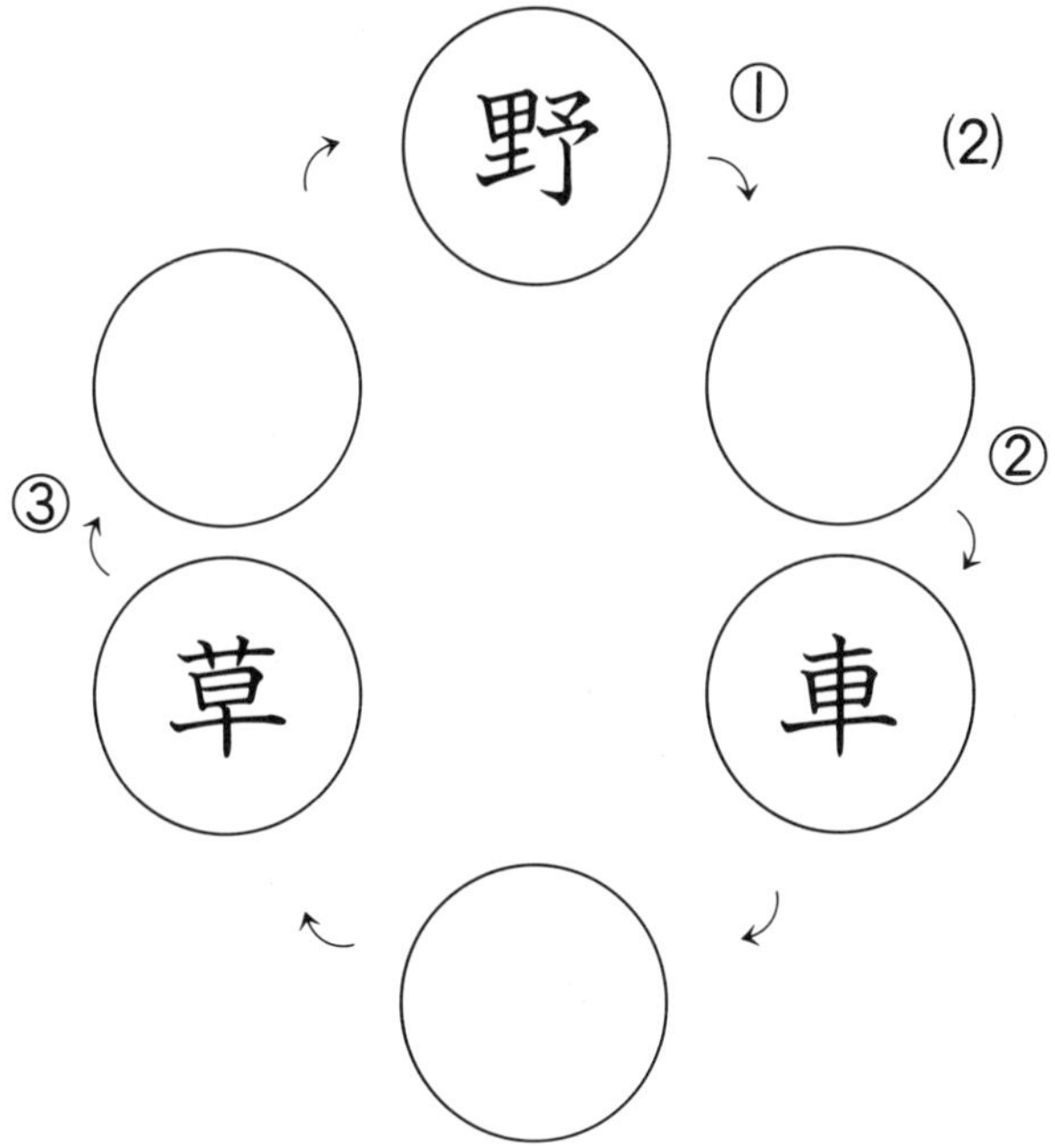

ヒント

① 昔、北アメリカの平原にたくさんいた動物。

② 大昔、身分の高い人はこれに乗っていた。

③ 平らで、広い。

❖その②

こんどは、階段《だん》型のしりとりです。あいている所に漢字を入れて次々に熟語を作っていってください。

(1)

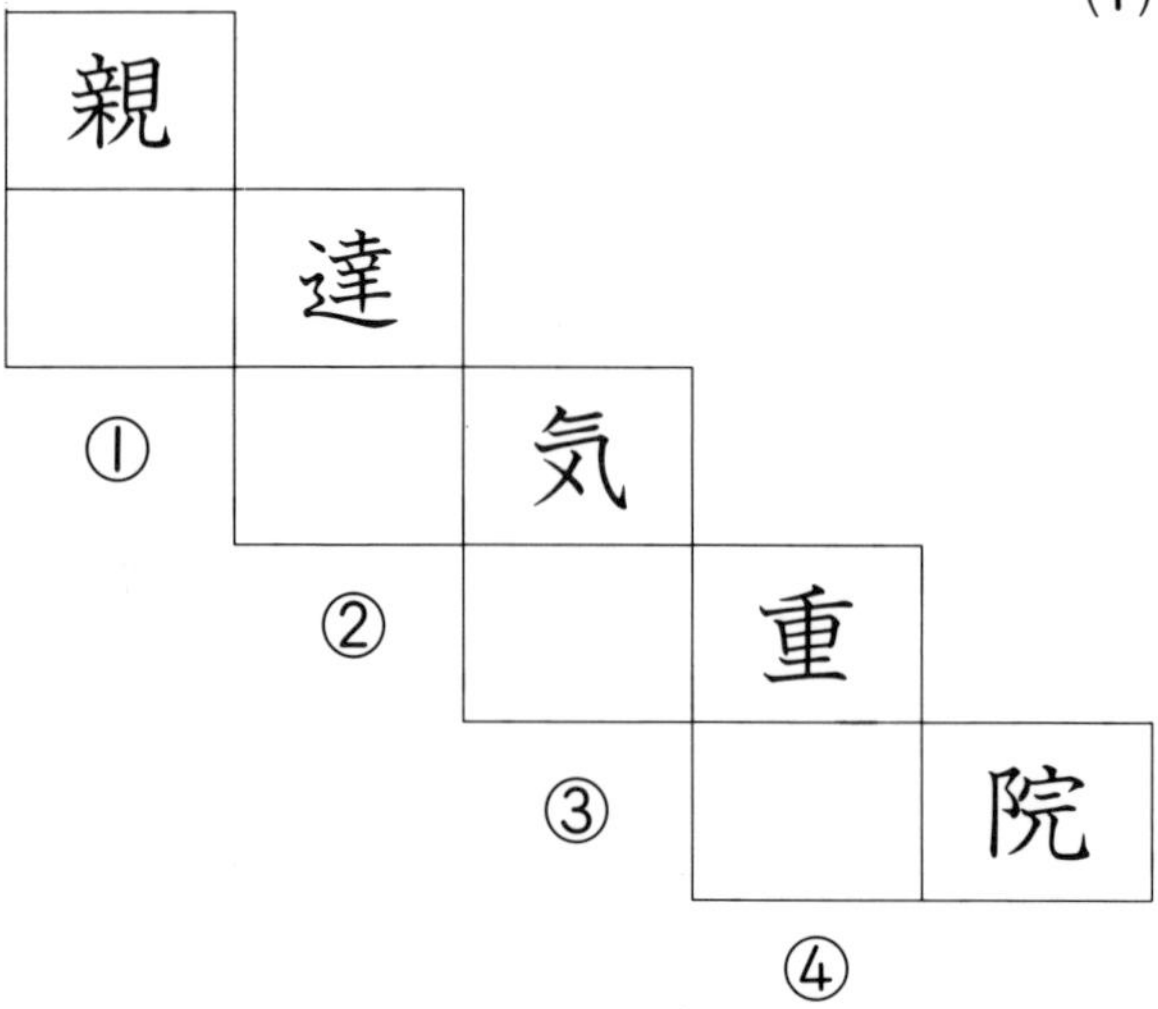

ヒント（たて）

① とってもたよりになります。

② わざがすぐれている。

③ 空気もその一つ。

④ お医者さんも心配。

(2)

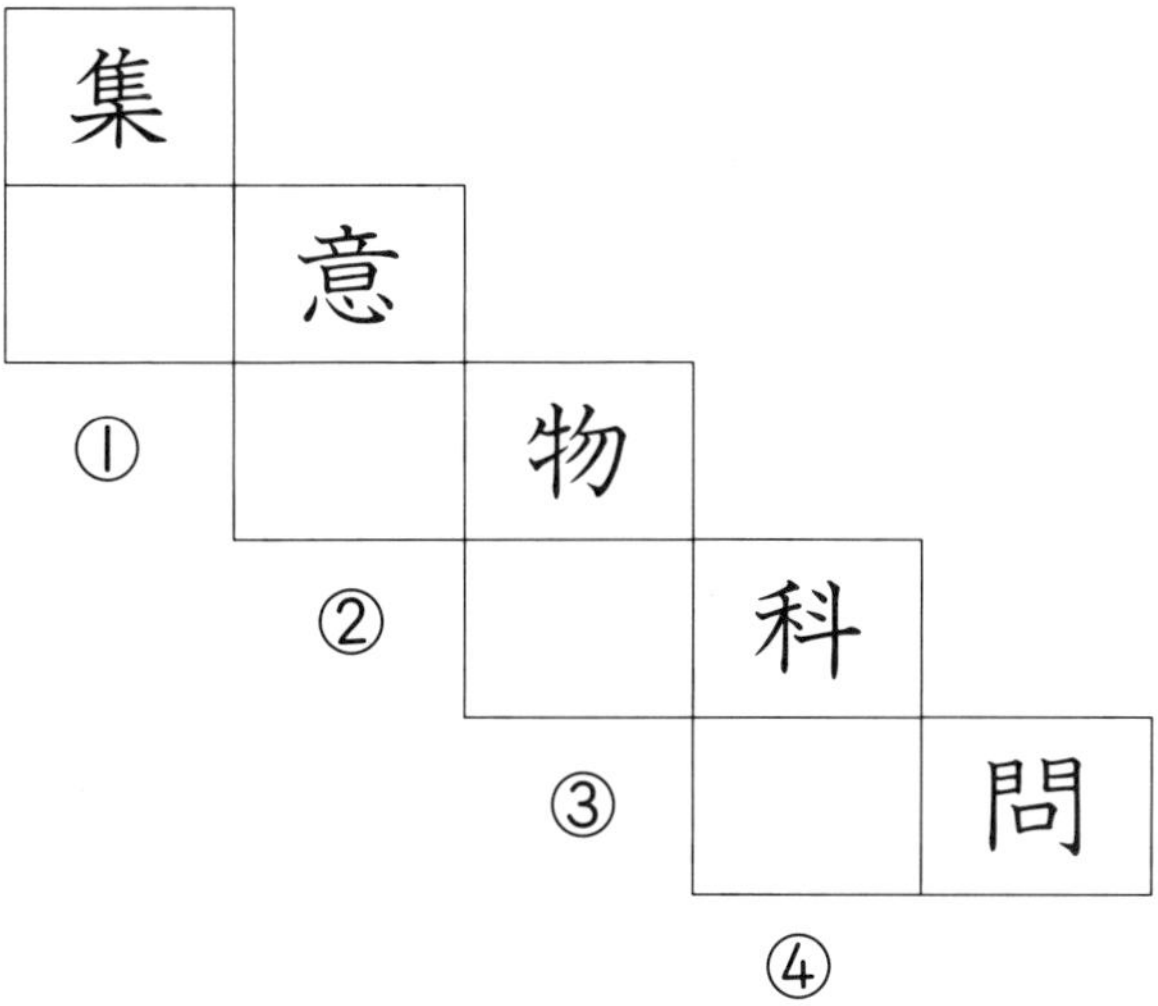

ヒント（たて）

① みんな、集まれ！

② 自分の考え。

③ 理科をずっとむずかしくしたもの。

④ 今は何と言っても◯◯の時代。

(3)

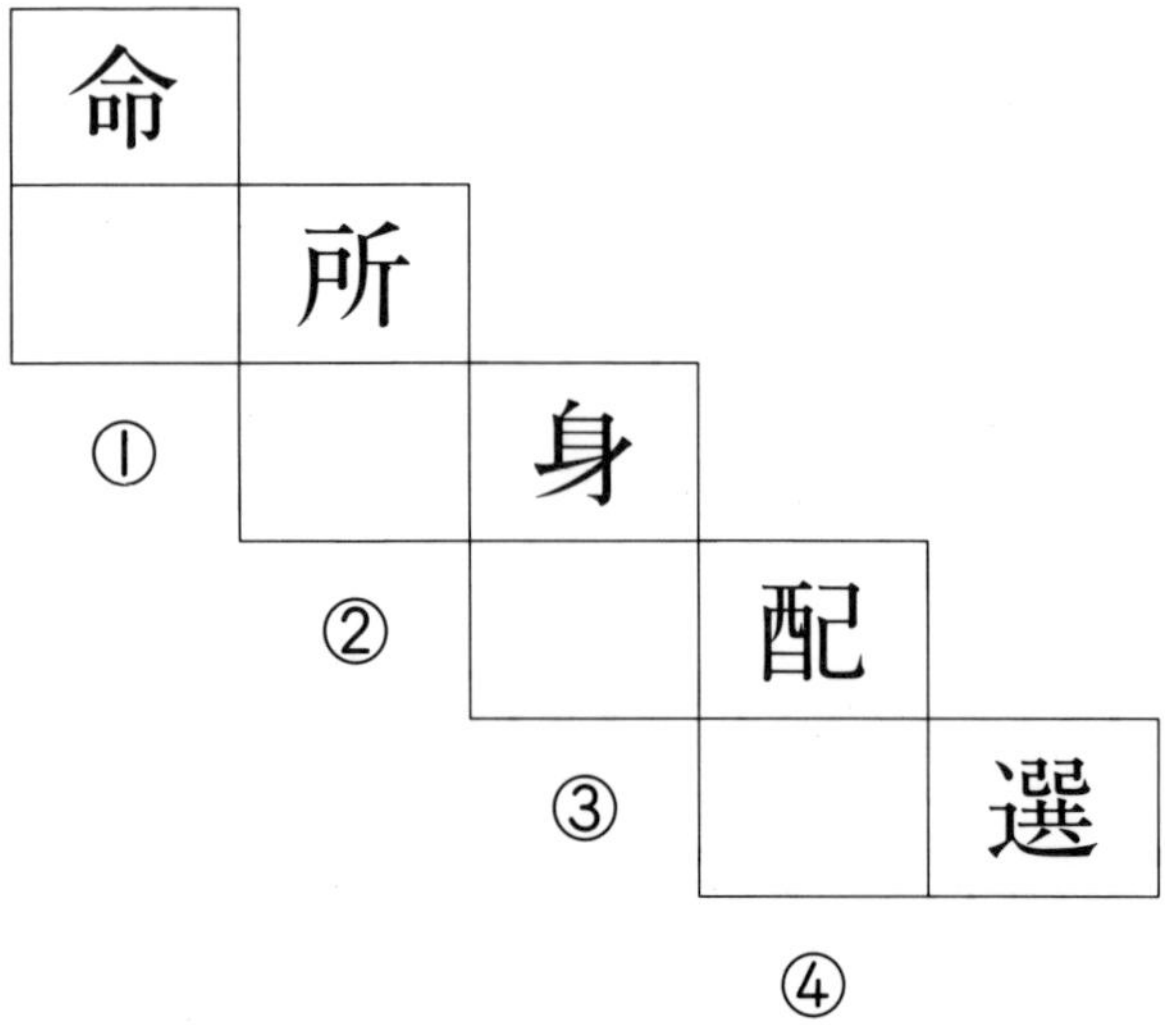

ヒント（たて）

① 赤ちゃんが生まれると……。

② 出張《ちょう》所の一番上の人。

③ 江戸時代の武士や農民。

④ みんなに配られるお金、配〇金。

(4)

ヒント（たて）

① 中味のこと。

② 北国では2～3mのことも。

	乗				
	□	内			
		□	積		
		①	□	国	
			②	□	手

(5)

ヒント（たて）

① あやしい◯◯UFO。

② 人と会うこと。

	発				
	□	物			
		□	面		
		①	□	見	
			②	□	者

(6)

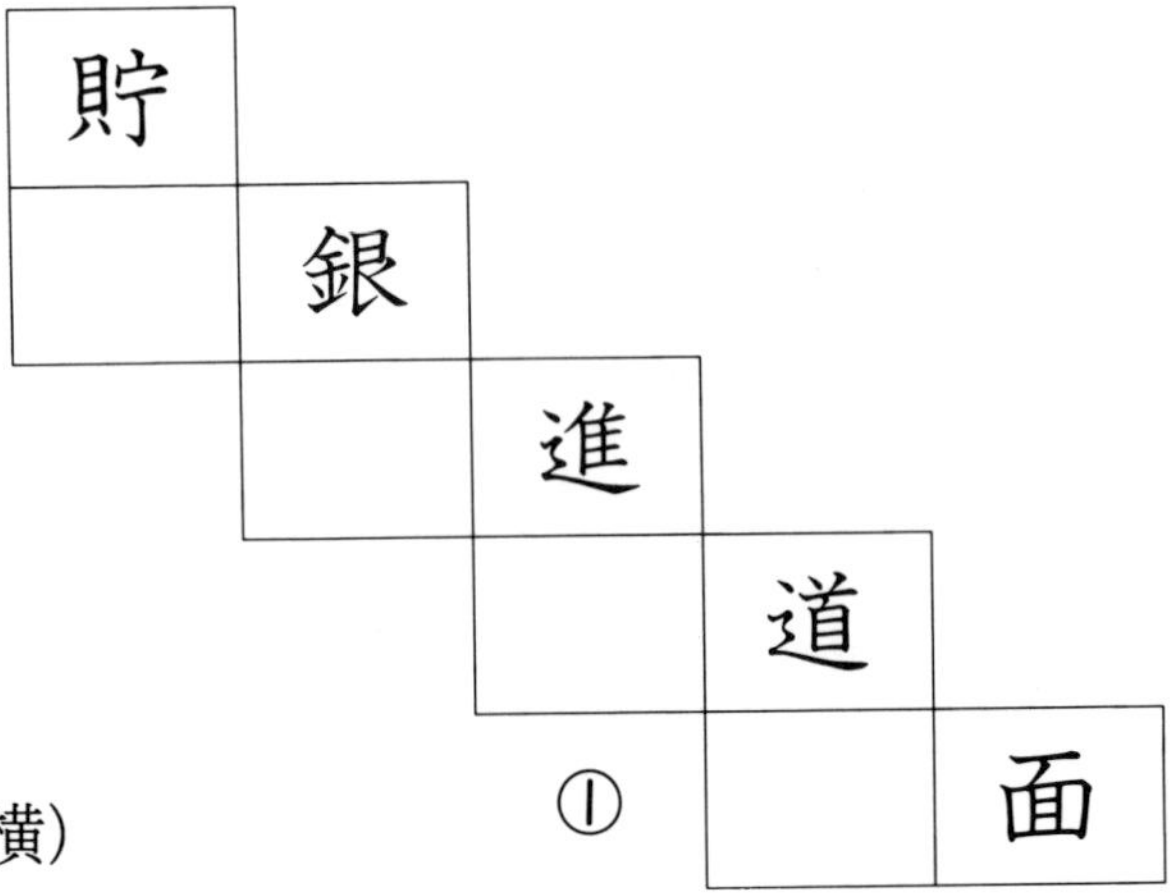

ヒント（横）

① 今は少なくなった○○電車。

(7)

ヒント（たて）

① ふつうの家。

② 広い庭。

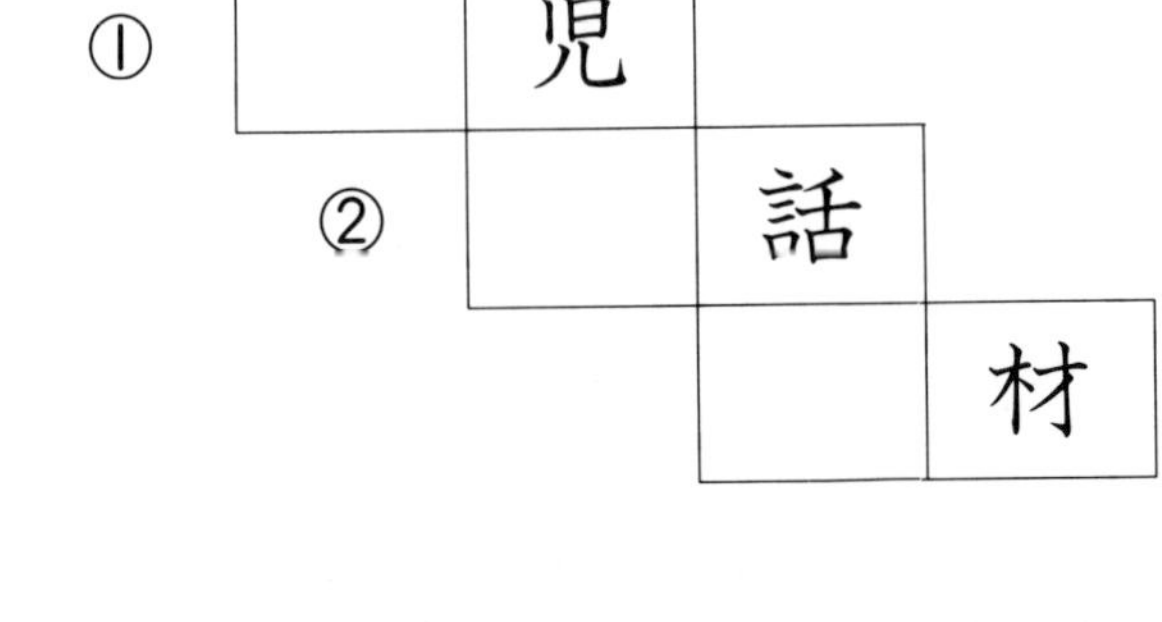

(8)

平				
	外			
①		事		
	②		行	
		③		物

ヒント（たて）

① 地図でみどり色のところ。

② 日曜日の夜は、家族で◯◯。

③ ほんとうのこと。

答え

その①

(1)…校番数

(2)…牛道原

その②

(1)…友人体病

(2)…合見理学

(3)…名長分当

(4)…車容《よう》雪歌

(5)…見体会学

(6)…金行歩路

(7)…家園童題

(8)…野食実動

●漢字づくり　四年

31 漢字で計算

【先生・お母さんへ】漢字の一字を音読みすることはほとんどありませんが、偏とつくりの組み合わせによって学ぶことができます。

❖その① 漢字を二つ組み合わせて、一つの漢字を作りましょう。

例 女《じょ》＋台《だい》＝始《し》

(1) □《や》＋□《ず》＝□《たん》

(2) □《おう》＋□《きゅう》＝□《きゅう》

(3) □《もく》＋□《おう》＝□《おう》

(4) □《こう》＋□《み》＝□《み》

(5) □《りつ》＋□《ひ》＋□《しん》＝□《い》

ヒント
(1) 長い
(2) 丸い
(3) たてと…
(4) りょうり
(5) たてにならべます

❖その② 同じ要領《りょう》で、ひきざんもやってみましょう。

ヒント

(1) □《しゅう》 − □《し》 ＝ □《とう》　さむい

(2) □《しょう》 − □《げつ》 ＝ □《けん》　キップ

(3) □《どう》 − □《り》 ＝ □《りつ》　すわったり

(4) □《どう》 − □《りき》 ＝ □《じゅう》　かるい

(5) □《がん》 − □《せき》 ＝ □《さん》　高い

❖その③　こんどは、かけざんも混《ま》じっていますよ。

ヒント

(1) □《りつ》 ＋ □《もく》 ＋ □《けん》 ＝ □《しん》　　いないと困《こま》る

(2) □《さん》 ＋ □《じん》 ＋ □《ひ》 ＝ □《しゅん》　　桜《さくら》が咲《さ》く

(3) □《げん》 ＋ □《ど》 ＋ □《すん》 ＝ □《し》　　歌

(4) □《りゅう》 ＋ □《ひ》 × 2 ＝ □《あん》　　何も見えない

(5) □《じゅう》 × 2 ＋ □《ひ》 ＋ □《げつ》 ＝ □《ちょう》　　起きる

答え

その①

(1)… 矢 ＋ 豆 ＝ 短

(2)… 王 ＋ 求 ＝ 球

(3)… 木 ＋ 黄 ＝ 横

(4)… 口 ＋ 未 ＝ 味

(5)… 立 ＋ 日 ＋ 心 ＝ 意

その②

(1)… 終 － 糸 ＝ 冬

(2)… 勝 － 月 ＝ 券《けん》

(3)… 童 － 里 ＝ 立

(4)… 動 － 力 ＝ 重

(5)… 岩 － 石 ＝ 山

その③

(1)… 立 ＋ 木 ＋ 見 ＝ 親

(2)… 三 ＋ 人 ＋ 日 ＝ 春

(3)… 言 ＋ 土 ＋ 寸 ＝ 詩

(4)… 立 ＋ 日 × 2 ＝ 暗

(5)… 十 × 2 ＋ 日 ＋ 月 ＝ 朝

●漢字を知ろう　三年

32 全部見えないけど…

【先生・お母さんへ】漢字の一字を音読みすることはほとんどありませんが、偏とつくりの組み合せによって学ぶことができます。

次の漢字はどれも左右が少し消えています。では、正確《かく》な漢字を書いてみてください。

①

②

③

④

⑤

⑥

⑦

⑧

⑨

⑩ ⑪ ⑫ ⑬ ⑭

⑮ ⑯ ⑰ ⑱ ⑲

⑳ ㉑ ㉒ ㉓ ㉔

㉕ ㉖ ㉗ ㉘ ㉙

㉚ ㉛ ㉜ ㉝ ㉞

㉟ ㊱ ㊲ ㊳ ㊴

㊵

㊶

㊷

㊸

㊹

㊺

㊻

㊼

㊽

㊾

㊿

答え

①…耳
②…花
③…字
④…光
⑤…行
⑥…正
⑦…世
⑧…船
⑨…草
⑩…青

⑪…家
⑫…送
⑬…見
⑭…集
⑮…思
⑯…市
⑰…完
⑱…汽
⑲…休
⑳…静

㉑…選
㉒…祭
㉓…記
㉔…浅
㉕…公
㉖…黄
㉗…寒
㉘…深
㉙…信
㉚…校

㉛…高
㉜…菜
㉝…気
㉞…使
㉟…客
㊱…当
㊲…答
㊳…悲
㊴…給
㊵…弟

㊶…朝
㊷…町
㊸…坂
㊹…葉
㊺…停
㊻…体
㊼…喜
㊽…庭
㊾…絵
㊿…始

●熟語づくり　三年

33 鏡にうつすと

【先生・お母さんへ】語いを増やすことは、小学生にとって何より大切なことです。逆にうつった文字によって興味をもたせようとしたものです。

次の熟語《じゅくご》は鏡にうつった文字です。正しい熟語を□の中に書いてください。

① 集合 □□

② 相手 □□

③ 野菜 □□

④ 暗号 □□

⑤ 歩道 □□

⑥ 雨天 □□

⑦ 安心

⑧ 病院

⑨ 落選

⑩ 遠足

⑪ 水泳

⑫ 温度

⑬ 家庭

⑭ 海岸

⑮ 世界

⑯ 朝顔

⑰ 英語

⑱ 絵画

⑲ 希望

⑳ 季節

㉑ 公園

㉒ 医者

㉓ 右側

㉔ 車庫

㉕ 計算

㉖ 受験

㉗ 自然

㉘ 住所

㉙ 貯金

㉚ 商店

㉛ 順番

㉜ 歴史

㉝ 休養

㉞ 村長

㉟ 速達

㊱ 面積

答え

①…集合
②…相手
③…野菜
④…暗号
⑤…歩道
⑥…雨天
⑦…安心
⑧…病院
⑨…落選

⑩…遠足
⑪…水泳
⑫…温度
⑬…家庭
⑭…海岸
⑮…世界
⑯…朝顔
⑰…英語
⑱…絵画

⑲…希望
⑳…季節
㉑…公園
㉒…医者
㉓…右側
㉔…車庫
㉕…計算
㉖…受験
㉗…自然

㉘…住所
㉙…貯金
㉚…商店
㉛…順番
㉜…歴史
㉝…休養
㉞…村長
㉟…速達
㊱…面積

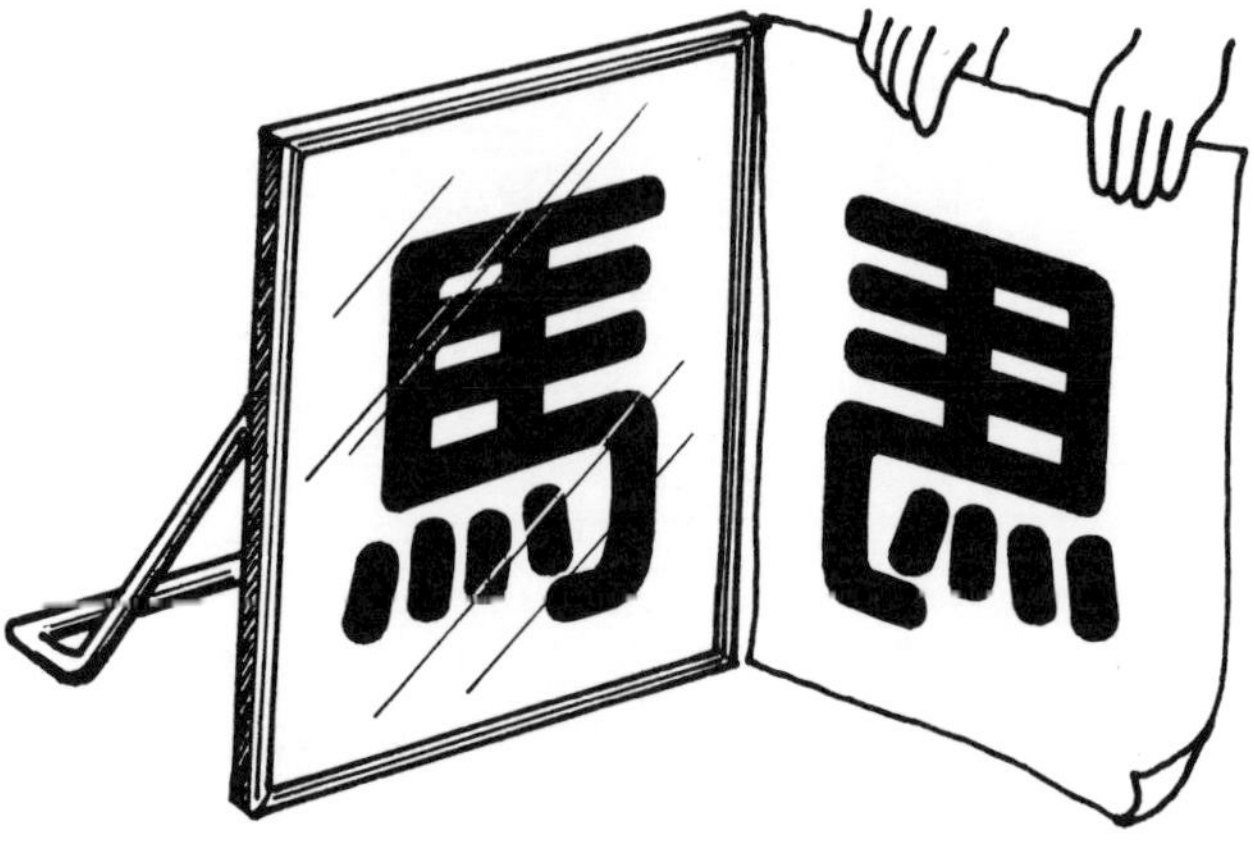

34 ●漢字づくり　四年

見えないところは

【先生・お母さんへ】文字にはそれぞれ特徴がありますから、一点、一画からでも、ある文字が浮かび上がってくる場合があります。

次のものは、ある漢字の一部です。どんな漢字でしょうか。答えは、一つとはかぎりませんよ。

例　ノ一　→　血

①　亅　→　□

②　く　→　□

③　ソ　→　□

④　キ　→　□

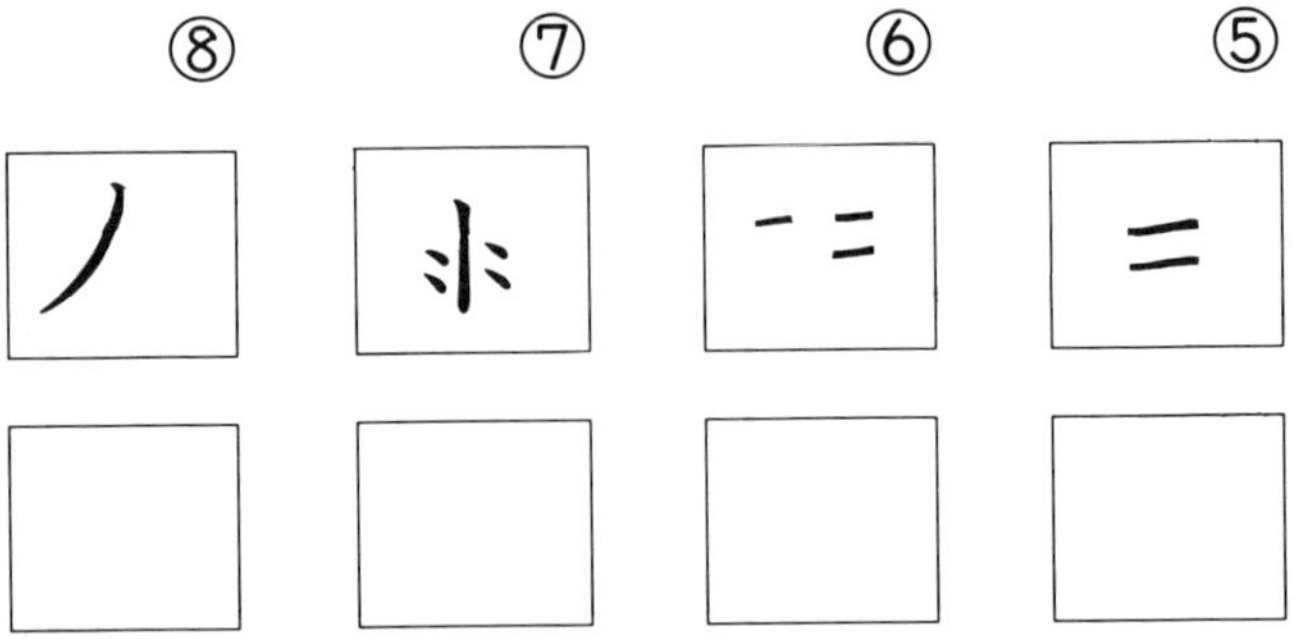
⑤
⑥
⑦
⑧

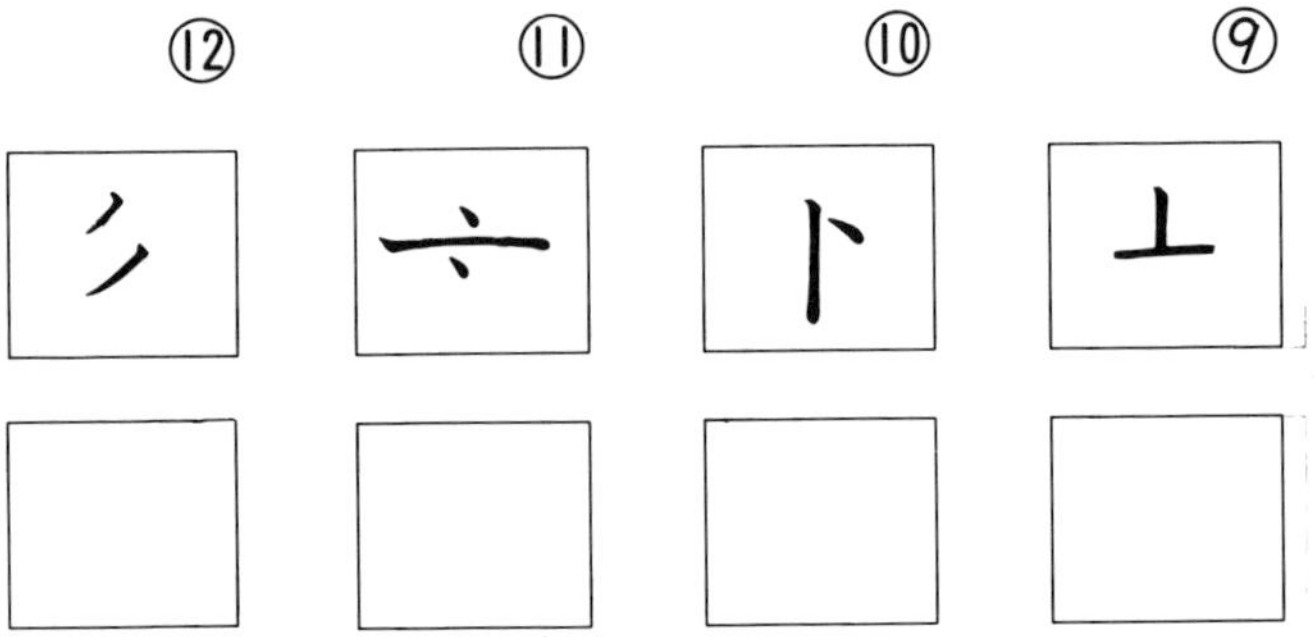
⑨
⑩
⑪
⑫

ちょっとむずかしいけど、がんばろう。

⑬

⑭

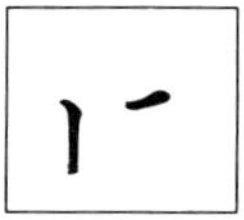

⑮

⑯

⑰

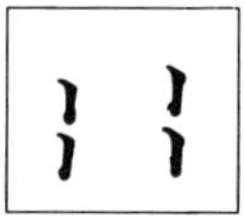

⑱

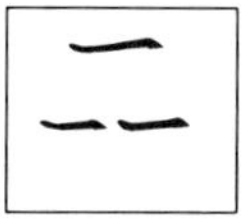

⑲

⑳

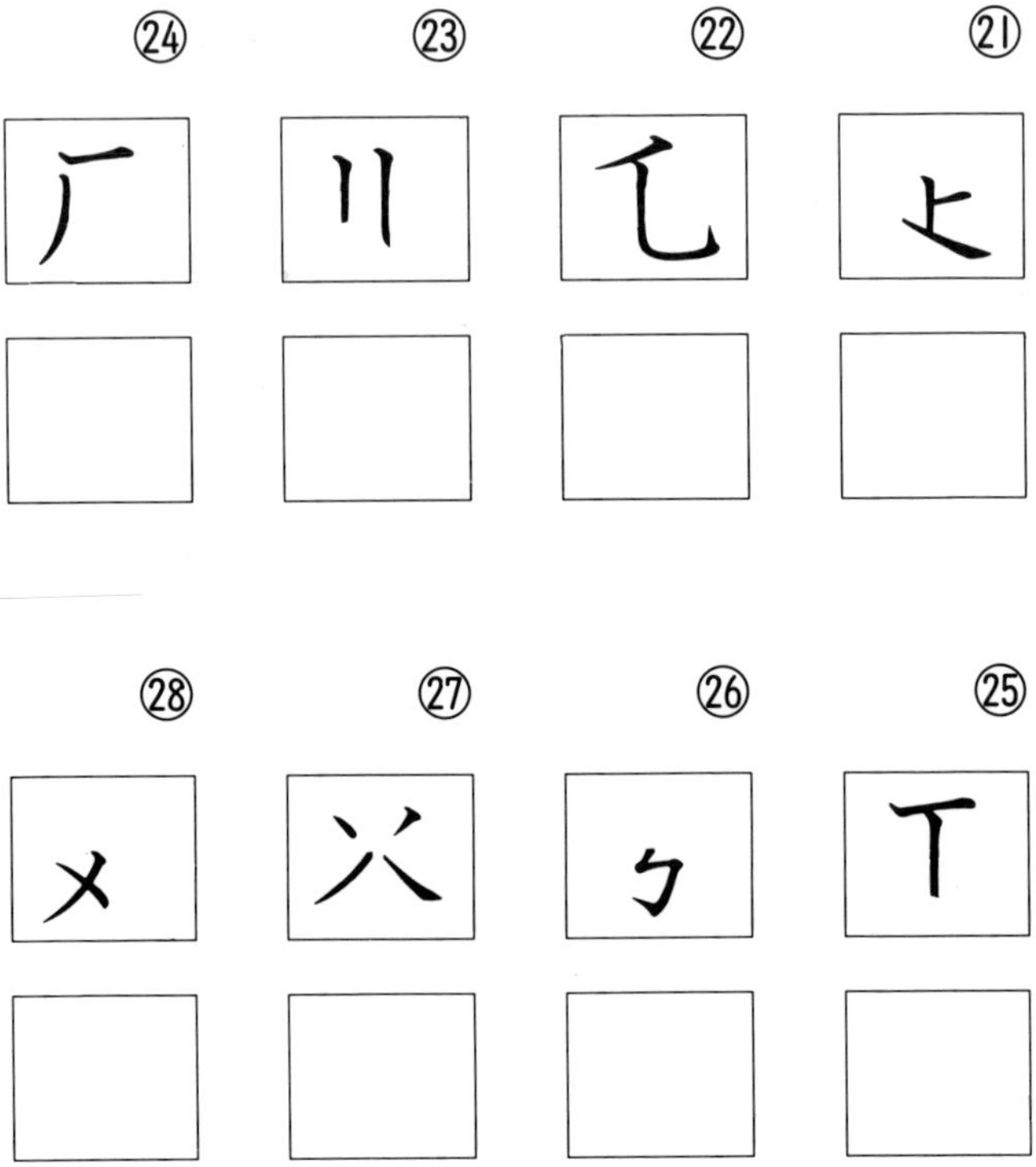
㉔
㉓
㉒
㉑
㉘
㉗
㉖
㉕

答え（例）

①…小
②…女
③…立
④…用
⑤…目
⑥…明
⑦…雨
⑧…力
⑨…円
⑩…下
⑪…母
⑫…多
⑬…肉
⑭…止
⑮…林
⑯…麦
⑰…出
⑱…品
⑲…末
⑳…不
㉑…足
㉒…毛
㉓…北
㉔…戸
㉕…王
㉖…号
㉗…米
㉘…気

●漢字づくり　四年

35 イメージ字を働かせて

【先生・お母さんへ】いくらか難しいかもしれませんが古代文字を起源別でなく、意味の内容別に分けて、想像してもらうようにしました。

❖その①　人間や人間の動きに関係のある古代文字です。現在では、どんな文字になっていると思いますか。

(1)　ヒント　君たちのことです。

（　　）

(2)　ヒント　お父さん。

（　　）

(3)　ヒント　つかれたから…。

（　　）

(4)　ヒント　すわったり…。

（　　）

❖その② 動物を表わす古代文字です。

(1) ヒント のろのろ歩く…。

（　　　）

(2) ヒント 絵を横から見てください。君の家にはいないかな。

（　　　）

(3) ヒント 動物園の人気者。芸もします。

（　　　）

(4) ヒント 走る姿《すがた》は美しいものです。

（　　　）

(5) ヒント 絵をよく見てください。かっている人もいることでしょう。

（　　　）

❖その③　自然や植物に関係する古代文字です。

(1)　ヒント　これはヒントなしでわかるでしょう。

（　　）

(2)　ヒント　流れを表わしています。

（　　）

(3)　ヒント　これもヒントなしです。

（　　）

(4)　ヒント　にたり、やいたり。

（　　）

(5)　ヒント　①や②と大いに関係があります。

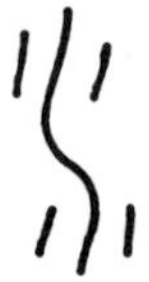

（　　）

(6)　ヒント　サイコロではありません。少したて長にしてみると…。

（　　）

答え

その①

(1)……子

(2)……男

(3)……休

(4)……立

その②

(1)……牛

(2)……犬

(3)……象

(4)……馬

(5)……亀《かめ》

その③

(1)……雨

(2)……川

(3)……林

(4)……火

(5)……水

(6)……日

著者紹介

近藤晋二

昭和34年慶應義塾大学卒業後，慶應義塾幼稚舎に勤務。東京都私立初等学校国語研究会に所属。昭和50年より国語教科書編纂協力者として教材，指導書執筆に携わる。平成14年退職。

本文イラスト：岡崎園子

子《こ》どもの喜《よろこ》ぶ国語《こくご》クイズ＆パズル＆ゲーム〈中学年《ちゅうがくねん》〉

2007年３月20日　初版発行

著　者　近《こん》　藤《どう》　晋《しん》　二《じ》
発行者　武　馬　久　仁　裕
印　刷　株式会社　チューエツ
製　本　株式会社　チューエツ

発行所　株式会社　黎《れい》　明《めい》　書《しょ》　房《ぼう》
〒460-0002　名古屋市中区丸の内3-6-27　ＥＢＳビル
☎052-962-3045　FAX052-951-9065　振替・00880-1-59001
〒101-0051　東京連絡所・千代田区神田神保町1-32-2
南部ビル302号　☎03-3268-3470

落丁本・乱丁本はお取替します。　ISBN978-4-654-01778-2